LES DENTS
DU DRAGON

PAR

ALPHONSE KARR

NOUVELLE ÉDITION

PARIS
CALMANN LÉVY, ÉDITEUR
ANCIENNE MAISON MICHEL LÉVY FRÈRES
3, RUE AUBER, 3
—
1882
Droits de reproduction et de traduction réservés

LES
DENTS DU DRAGON

A LEON GATAYES

I

TROP DE FLEURS

Hier matin, à la première visite que je fis à mon jardin, je m'arrêtai devant un massif de pois de senteur, dont les fleurs roses et blanches, ou d'un violet sombre, étaient chargées d'abeilles dorées et de xilocopes d'un noir violet. Les uns et les autres, par leurs joyeux bourdonnements, faisaient l'éloge du miel parfumé qu'ils trouvaient presque tout fait dans le milieu des fleurs.

Le pois de senteur est une fleur ancienne, une fleur aujourd'hui dédaignée et abandonnée, une fleur de pauvre, une fleur de mansarde qui ne serait admise à aucune exposition. C'est en vain qu'on lui a enlevé son joli nom de *pois de senteur* pour lui donner celui de lathyrus; cette « savonnette à vilain » ne lui a pas néanmoins permis d'entrer dans le monde des fleurs comme il faut, des fleurs à la mode. Pour moi, chaque année, avec les parfums, s'exhalent de ces fleurs mille souvenirs de mon enfance et de ma jeunesse. — Il y avait des pois de senteur sur la fenêtre de la première chambre que j'ai eue à moi tout en haut d'une haute maison qui formait l'angle de la rue du Rocher et de la rue de Bienfaisance, tu te rappelles?... tout en haut d'un escalier dans lequel je faisais mes six lieues par jour pour passer souvent devant une certaine porte du deuxième étage et avec l'espoir que mon pas serait reconnu..., il y a... quarante ans!

Je ne voulus pas voir d'autres fleurs, ce matin-là... Je cueillis une branche de pois de senteur et j'allai m'enfermer dans mon cabinet, encore tout en haut de la maison, mais à trois cents lieues de la rue du Rocher..., en face de la mer bleue.

Je restai quelque temps à rêver, à me souvenir. — Rue du Rocher aussi était l'atelier des deux frères Alfred et Tony Johannot, ces deux charmants peintres, ces deux nobles et grands artistes. — Rue du Rocher aussi était Frédéric Bérat, qui est mort trop tôt comme eux, et dont les suaves mélodies vivent encore et volent en l'air comme une nichée de fauvettes.

Rue du Rocher aussi demeurait un professeur du collége Bourbon, avec lequel j'eus, dans la cour du collége, une rixe restée célèbre, à la suite de laquelle, et en punition de ma victoire, je fus, en séance solennelle, expulsé pour six mois. C'était l'été, tu t'en souviens, et nous passâmes doucement cet été d'exil à l'école de natation de Deligny. Nous arrivions le matin; nous nous mettions en costume de bain; nous nagions et nous plongions toute la journée, ne nous reposant de temps en temps que pour manger chacun un pain de deux livres et quelques cervelas; c'est à cet exil dans l'eau que nous dûmes peut-être la réputation, j'ose dire méritée, que nous avons conservée, de rudes nageurs.

Puis je respirai encore mes pois de senteur, et je pris un livre au hasard. C'était une vieille comédie :

Farce joyeuse et très-bonne
DE MAISTRE MIMIN
A six personnages, — c'est assavoir :
Le maistre d'escolle, maistre Mimin,
estudians, etc.

Et je tombai sur ce passage :

Vous savez qu'il est fiancé
De la fille à Raoul Machue;
Plus belle n'y a en la rue
Ni qui aux festes mieux s'estrique, etc.

— *Plus belle n'y a en la rue*, me dis-je. Aujourd'hui, on ne manquerait pas de dire : « C'est la plus belle fille de Paris. »

Parce que tout le monde va partout et connaî tout le monde ; et je me demandai, réunissant par un trait extrêmement délié, la fille Machue et les pois de senteur :

— Est-ce que nous n'aurions pas trop de fleurs ? est-ce que nous n'aurions pas trop de connaissances ?

Quant aux fleurs, quelles sont celles que nous revoyons, que nous rappelons avec le plus de plaisir ? Ce sont celles avec lesquelles nous avons vécu familièrement depuis notre enfance ; — ce sont celles qu'on rencontrait souvent, qu'on rencontrait drues et abondantes, qui se mêlaient à notre vie et qui restent mêlées à nos souvenirs.

J'ai certes aujourd'hui les plus belles fleurs du monde et je les ai en un nombre infini d'espèces et de variétés ; j'ai grand plaisir à les soiguer, à les contempler; — mais néanmoins quelles sont les préférées? quelles sont celles, si je devais me borner à un certain nombre de fleurs, dont je commencerais par m'assurer la société? ce seraient : — le bleuet des blés... qui me rappelle certaines couronnes; — l'églantier rose, celui qu'un oiseau avait semé dans un endroit inaccessible du vieux pont de Saint-Maur, sous les arches duquel mon père nous menait pêcher; — la giroflée jaune des murailles; — les épis roses du sainfoin des prairies; — les wergissmeinnicht; — les myosotis bleu de ciel que j'allais cueillir dans les petits bras de la Seine, à Saint-Ouen; — les fatidiques marguerites des prés — et le muguet des bois.

Entre les roses dont je cultive aujourd'hui tant de splendides variétés, n'ai-je pas une affection particulière pour les trois ou quatre qui ornaient en gros buisson le jardin où se passa mon enfance? C'est une rose blanche semi double, à laquelle les botanistes et les jardiniers d'alors (aujourd'hui, il n'y a plus que des horticulteurs !) n'avaient pas daigné donner un nom, et qu'on appelait simplement la *rose blanche*; — une autre d'un rose très-pâle, qu'on appelait singulièrement *rose cuisse de nymphe*, avec sa variété un peu plus rouge, qui avait pour nom *cuisse de nymphe émue*, et la rose à cent feuilles, — la rose des peintres, — la rose des quatre saisons, qui donnait de nouveau quelques maigres fleurs à l'automne, — et le provins rayé de rose et de blanc, *la belle villageoise*; toutes roses, toutes fleurs dont je ne me sépare pas et que j'ai emportées, quand j'ai quitté la France, — n'emportant guère que cela.

Ajoutons l'aubépine parfumée des haies et la variété à fleurs roses. — Celle-ci excita chez moi une telle admiration, la première fois que je la vis, que, bravant les lois de la probité et le sévère dieu des jardins, j'en dérobai une branche dont les épines me déchirèrent la main, branche que j'apportai triomphalement à celle pour qui alors je cueillais tout, je désirais tout, je voulais tout. Ajoutons encore le liseron, le volubilis, dont les clochettes ont encore une voix qui me chante dans le cœur le poëme lointain de ma jeunesse..., et les pois de senteur de ma mansarde !

Ces fleurs, on les voyait une fois par an ; on ne les quittait pas, on les regardait tout le peu de temps qu'elles étaient épanouies ; puis, quand leurs corolles étaient tombées sur l'herbe et flétries, on les regrettait, puis on attendait leur retour ; chacune d'elles était en grand nombre et en grosses touffes dans le jardin. — Tant de riches étrangères ne leur disputaient pas le terrain.

Aujourd'hui, les jardins, mille fois plus riches, parlent davantage aux regards, mais moins au cœur. On ne peut plus donner que quelques instants d'admiration à chacune des si nombreuses habitantes qui les décorent. C'est un salon rempli de charmantes femmes de tous les pays; ce n'est plus la petite chambre où l'on est avec deux sœurs et une amante, un frère et un ami, frère choisi.

Il en est de même des amitiés, des relations, des connaissances.

Dans notre enfance, les communications étaient difficiles, on était parqué dans son quartier; les gens de la classe moyenne, les gens de notre classe, des bourgeois dits « aisés » ne prenaient pas un fiacre légèrement et sans avoir pesé la question. Cela ne nous arrivait guère que pour nos parties de campagne les plus lointaines. Un fiacre alors nous conduisait jusqu'à la barrière, et on ajoutait magnifiquement à sa course de trente-deux sous une pièce de deux sous, dont le cocher était content et remerciait presque toujours, et le fiacre était pour les enfants une partie de la fête.

Les amis s'arrangeaient pour demeurer dans le même quartier; on se voyait souvent, à peu près tous les jours. — Si l'un avait un bon gigot de mouton, il le faisait savoir à l'autre, qui lui signalait à son tour « un sac de marrons » reçu de quelque parent de province. On revenait de la pêche : « Il faut vite appeler les Karr pour manger la friture. » On entendait un mot spirituel, une chanson gaie : « On redira le mot, on chantera la chanson dimanche avec les Gatayes. » S'il survenait un accident à l'enfant de l'un, il appelait l'autre par la fenêtre. Chacun aimait, caressait, grondait les enfants de l'autre. Toute fête, tout deuil, tout plaisir, tout chagrin étaient en commun. On avait, dans son quartier, un ou deux amis et trois ou quatre connaissances ; au bout d'un certain laps de temps, on s'était rendu mutuellement une foule de petits services et quelques grands. On avait partagé un grand nombre de plaisirs, on s'était soutenu dans beaucoup de difficultés, consolé dans beaucoup de chagrins, on avait échangé un trésor d'amitié, et la vie était mille fois plus facile.

Personne ne se rendait pauvre pour paraître riche; chacun connaissait la fortune ou les revenus de l'autre; il n'y avait pas moyen de se tromper et on ne l'essayait pas, — ni pour les amis, ni pour les connaissances, ni pour les voisins.

On était parfaitement connu dans un quartier qu'on habitait depuis longtemps, où quelquefois on était né. L'épicier du coin qui vous avait longtemps vendu pour un sou de mélasse dans un cornet, quand vous étiez tout enfant, ne vous perdait pas de vue, vous voyait grandir, s'intéressait plus tard à vos succès professionnels. On se saluait, on se souriait entre gens du même quartier. La fille que l'on devait épouser, on l'avait connue enfant, on l'avait vue grandir, devenir jeune fille... On savait les défauts qu'elle avait perdus et les qualités qu'elle avait acquises, on connaissait réciproquement toute la vie l'un de l'autre. Certes, il y avait là moins de charme pour l'imagination, mais plus de sécurité pour le bonheur; — car l'amour ne peut durer qu'à la condition de se transformer, et l'on était sûr d'avance de la seconde et durable phase de cet amour; l'amour était une fleur simple dont une tendre et sérieuse amitié était le fruit assuré, au lieu d'être une de ces riches et brillantes fleurs doubles qui s'effeuillent et se flétrissent sans produire de fruits.

Aujourd'hui, au contraire, grâce à la facilité des communications, on a des « amis » et des connaissances en grand nombre et dans tous les quartiers de la ville; on se change soi-même en menue monnaie; on divise l'or de son cœur en petites pièces de billon que l'on partage entre un grand nombre de personnes. On donne peu; on reçoit peu; — on s'éparpille.

On se connaît à peine; on peut donc se tromper et l'on se trompe réciproquement, sur son caractère, sur sa position, sur sa fortune. Chacun se déguise en quelqu'un de plus riche que lui; le luxe chasse le bien-être, le superflu est monté aux dépens du nécessaire. Si l'on invite un ami ou des connaissances à dîner, c'est une émotion, c'est une anxiété, c'est une bataille. Le maître de la maison donne le signal : branlebas de combat !

— Voici nos hôtes ! Canonniers à vos pièces ! Il faut qu'ils nous croient riches, plus riches qu'eux ; qu'ils s'en aillent ce soir écrasés, humiliés. Nous ne parlerons à table que de nos belles connaissances ; on fera monter le portier pour aider ; il faut savoir son petit nom, pour qu'il ait l'air d'un deuxième domestique. N'oubliez pas, ma chère amie, que, quand nous avons dîné chez eux, ils nous ont fait manger des petits pois en primeur.

» Il faut à tout prix, aujourd'hui, leur passer des asperges au travers du corps. Tant pis pour eux, ils ont commencé. — Vous avez commandé, n'est-ce pas, cette fausse natte pour Clémence ? Ils ont fait trop d'embarras avec les cheveux de leur fille Anaïs, cheveux qui me sont suspects, on ne l'a jamais vue décoiffée. Et puis, fussent-ils vrais, ces filles lymphatiques ont facilement des cheveux gros et épais; les plus grandes herbes poussent dans les marécages. — Ayez soin qu'on n'entre sous aucun prétexte dans les chambres à coucher, dont le mobilier n'est pas frais comme celui du salon.

Mensonges, peines, efforts coûteux, ruineux et inutiles, car on n'attrape guère les autres, et l'on s'attrape beaucoup soi-même !

. . . .

Les journaux l'ont suffisamment raconté, et la mort du czarevitch, et les somptueuses cérémonies qui ont précédé et accompagné la translation de ses restes sur le vaisseau russe *l'Alexander-Nevsky*, chargé de les porter en Russie.

Lorsque ces grands de la terre, auxquels on se donne tant de soin pour faire croire qu'ils sont d'une autre espèce que nous, retombent dans les conditions de l'humanité, c'est pour descendre jusqu'aux plus tristes et aux plus irréparables misères, et on se sent pris d'une comparaison particulière et respectueuse pour les pauvres rois qui sont précipités de si haut avec un triste étonnement.

Certaines circonstances qui tiennent à des usages russes donnaient un caractère particulier à ces lugubres cérémonies. — Les Russes mêlent dans leurs funérailles à une certaine pompe orientale des formules qui, plus près de la nature que les autres, sont par cela même plus touchantes.

Il y a en France, pour les deuils, un usage idiot. Un roi, qui, du reste, se marie par procuration, ne pleure pas non plus lui-même ceux qu'il a aimés : il envoie sa voiture vide accompagner le défunt jusqu'au champ du repos éternel. Il se fait représenter par ses chevaux. Tel n'est pas l'usage russe.

Il y avait quelque chose de solennel et de poignant à voir l'empereur de Russie porter lui-même le cercueil de son fils, chaque fois que le funèbre cérémonial l'exigeait. C'est lui qui le chargeait sur le char ; c'est lui qui le plaçait sur la chaloupe pour le transporter sur *l'Alexander-Nevsky*. — La cérémonie, dans la rade de Villefranche, était, dit-on, magnifique ; le décor, du reste, est splendide. C'est une immense rade où l'eau, très-profonde, est du bleu le plus intense. La double chaîne de montagnes qui en entoure la moitié répétait pendant cinq minutes chaque coup de canon de la flotte russe avec un bruit aussi imposant que la voix du tonnerre.

A terre et sur le navire, le corps du czarevitch était placé dans une immense corbeille de fleurs. Des employés de mon jardin, chargés de dresser ces corbeilles, se sont trouvés tout le jour prisonniers sur *l'Alexander-Nevsky*, et ont, seuls étrangers, assisté à la cérémonie, qu'ils m'ont dit avoir été très-touchante et très-imposante.

Ce grand appareil et le radieux soleil de Nice, dont il faut se défier en pareille circonstance, donnaient à cette triste cérémonie un air de fête étrange.

Cependant, on regardait avec une compassion sympathique cet empereur et cette impératrice, redevenus un père et une mère, — un père et une mère malheureux, — et on eût désiré adoucir pour eux ce décret de la Providence qui a voulu faire sentir une fois à un de ces monarques — dont un signe envoie tant de jeunes gens à la guerre — quelle douleur c'est de perdre son fils!

J'avais encore quelque chose à te dire, mais, c'était gai; ce sera pour une autre lettre.

II

M. NOGENT SAINT-LAURENS

L'autre jour, lisant un journal, je fus frappé de quelques circonstances qui seront le sujet de cette lettre. — A part quelques individualités dont je ne veux pas dire le nombre, tant il serait tristement ou ridiculement petit, — je ne vois guère dans les débats politiques que quelque chose qui ressemble beaucoup à une table de roulette autour de laquelle sont rassemblés des joueurs qui tous espèrent gagner, en jouant, les uns sur la rouge, les autres sur la noire — et en assez grand nombre, ce que les croupiers appellent, je crois, *l'intermittence*, c'est-à-dire tantôt sur la noire, tantôt sur la rouge. Si je voulais pousser plus loin la similitude, je la compléterais par une différence : c'est qu'au jeu de la politique, ce n'est pas leur argent que risquent les joueurs; mais il ne doit être, il n'est et ne sera nullement question de politique dans cette lettre, et, si j'y parle de personnages plus ou moins politiques, ou soi-disant politiques, c'est à un point de vue littéraire.

M. Guéroult avait cité un discours de Mirabeau. M. Granier de Cassagnac avait contesté l'authenticité du document, en rappelant que

Mirabeau usait largement de secrétaires, et que tout ce qu'il prononçait n'était pas toujours et complétement son ouvrage.

M. Guéroult avait apporté des preuves à l'appui de son assertion, et M. de Cassagnac, tout en se voyant obligé de convenir que sa dénégation avait été quelque peu téméraire, avait cependant, avec ce goût prononcé de terroir qui distingue particulièrement sa faconde, rendu lui-même hommage à sa scrupuleuse et notoire dans les faits qu'il avance, *attendu son habitude de remonter aux sources;* — exactitude sur laquelle nous reviendrons tout à l'heure, après que j'aurai rappelé une anecdote curieuse au sujet de la facilité avec laquelle Mirabeau parfois « prenait son bien où il le trouvait, » phrase prêtée à Molière, et en vertu de laquelle MM. Duvert et Lauzanne, héritiers directs, à ce qu'il paraît, de l'auteur du *Misanthrope*, prennent sans façon leurs pièces dans mes livres.

Dans une discussion relative au clergé, dit à peu près (je cite de mémoire) l'auteur d'une Notice sur Volney, — Mirabeau s'écria : « Je vois d'ici la fenêtre d'où la main sacrilége d'un de nos rois tirait sur le peuple, etc. » — Tout le monde connaît ce mouvement oratoire, mais on ne sait pas généralement qu'il est dû à Volney.

Mirabeau venait de s'emparer de la tribune, vingt députés se pressaient autour de lui, les uns réclamant un tour qui leur appartenait, les autres profitant de divers prétextes. — Au nombre des premiers était Volney, tenant un papier à la main. « Vous aussi, Volney?... s'écria Mirabeau avec une impatience mêlée de chagrin. — Je n'ai que deux mots à lire, dit Volney. — Montrez-moi cela, reprit Mirabeau en s'emparant du papier. — Tiens, mais c'est très-beau, cela ! mais, des choses comme cela, ça ne se lit pas, ça ne se prononce pas avec un pauvre filet de voix comme le vôtre, ou l'effet en est complétement perdu. Donnez-moi cela.

Et Mirabeau jeta dans son discours le passage elatif à Charles IX.

Il paraît que Volney en garda quelque rancune contre Mirabeau, car, plus tard, — dans ses *Leçons d'histoire*, — il ouvrit une parenthèse pour s'occuper des améliorations à apporter dans la construction des salles d'assemblée.

Au nombre des conditions d'une salle bien faite, il met au premier rang celle-ci, où perce un souvenir un peu amer :

« Que les délibérants soient rapprochés les uns des autres dans le plus petit espace conciliable avec la salubrité et la commodité ; sans cette condition, ceux qui ont des voix faibles sont dépouillés de fait de leur droit de voter, et il s'établit une *aristocratie de poumons* qui n'est pas une des moins dangereuses.

» Dans les salles actuelles, il faut une voix de *stentor* pour être entendu ; et, par conséquent, toute voix faible est exclue de fait et privée de son droit de conseil et d'influence ; encore qu'une voix faible et une poitrine frêle soient souvent les résultats de l'étude et de l'application, et, par suite, les signes présumés de l'instruction, tandis qu'une voix trop éclatante et de forts poumons sont ordinairement l'indice *d'un tempérament puissant* qui ne s'accommode guère de la vie sédentaire, et *qui invite ou plutôt qui entraîne à cultiver ses passions plus que sa raison*, etc., etc. »

C'était un grand et un vrai philosophe que Volney, et ses ouvrages, ainsi que celui du docteur Strauss, n'ont permis à M. Renan de rien mettre de nouveau ni qui eût besoin d'être écrit dans le très-médiocre livre qui a fait récemment tant de bruit, grâce à la complicité de l'index de Rome et à la coopération des lettres des évêques qui ont donné à la pauvre compilation de M. Renan cette odeur de livre brûlé — que le public aime avec tant de passion.

Ah!... revenons à M. Granier de Cassagnac, qui « *comme on sait,* ne puise qu'aux sources les documents dont il se sert. »

Il y a de cela assez longtemps, M. de Cassagnac revenait d'un voyage en Amérique, et, usant de son droit, il publiait une relation de son voyage dans une revue ou un journal que je retrouverais si la chose était contestée.

M. de Cassagnac racontait qu'il avait horriblement souffert du mal de mer, et il ajoutait : « D'où vient qu'aucun des anciens n'a, dans aucun endroit, parlé du mal de mer? »

Je fus, à cette lecture, frappé d'admiration pour le Gascon érudit.

Il faut, en effet, tenir bien complétement les anciens dans le creux de sa main pour pouvoir émettre une pareille assertion.

En effet, pour dire que Virgile, par exemple, a parlé des abeilles et a mis en beaux vers une centaine d'erreurs, il n'est besoin que de se souvenir de cinq ou six syllabes; mais, pour nier que, dans aucun endroit, les anciens aient parlé de telle ou telle chose, il faut se souvenir simultanément et clairement de tous les ouvrages des anciens, sans en excepter une ligne.

J'étais encore alors attaché à l'Université ; je retrouvais facilement dans ma mémoire les vers de Virgile, d'Horace et d'Homère par centaines et par milliers — et je m'avouais cependant avec humilité combien j'aurais été loin d'oser me prononcer ainsi.

L'admiration, a-t-on dit, est un sentiment qu' ne demande qu'à finir. A la mienne succéda le doute, au doute l'examen ; — et ma mémoire consultée me rappela un passage de Cicéron où il dit en parlant, peut-être à Atticus, d'un voyage sur mer : « Je suis arrivé sans danger. et sans nausées. » — *Sine periculo et nauseâ.*

Je me rappelai ensuite la sixième satire de Juvénal — celle sur les femmes.

C'est à propos d'Hippia, la femme du sénateur (*nuta senatori*), qui avait suivi l'histrion Sergius jusqu'au Nil, *bravant la mer comme elle avait bravé l'opinion* :

« Ah! s'écrie-t-il, qu'un mari exige d'une femme qu'elle monte sur un navire, quelle dureté ! l'odeur de la sentine est intolérable, l'air trop vif lui donne des vertiges, et elle vomit sur son tyran. »

Illa maritum

Convomit...

Mais, si c'est pour suivre son amant, « son estomac est à l'épreuve de tout ; elle dîne avec les matelots, elle se promène sur le pont et manie les cordages. »

Et Sénèque : « Je souffrais trop pour penser au danger. » — *Pejus vexabar quam ut periculum mihi succureret.*

Et Plutarque aussi parle du mal de mer dans *le Banquet* et en cherche les causes.

Cela retrouvé, je fis d'autres recherches, et, dans je ne sais plus quel ournal, j'objectai à

M. de Cassagnac quinze ou vingt passages des anciens relatifs au mal de mer. — M. de Cassagnac n'avait pas encore pris l'excellente habitude de « remonter aux sources. »

Dans ce même journal, j'ai lu une discussion sur la peine de mort. — Les deux orateurs étaient M. Jules Favre et M. Nogent Saint-Laurens. — M. Jules Favre se prononça pour l'abolition. Il eut le bon esprit d'appuyer surtout sur le seul argument valable : l'irrémissibilité en cas d'erreur. Les autres arguments présentés jusqu'ici, ou plutôt ce qu'on présente comme arguments, ne consistant qu'en phrases sonores à la manière des corps creux, et ne supportant pas cinq minutes de discussion sérieuse. Du reste, il n'avança ni un fait ni un argument nouveaux, auxquels je n'aie répondu d'avance dans la brochure que j'ai publiée il y a quelques mois.

M. Nogent Saint-Laurens se prononça, lui, pour le maintien de la peine de mort, et, par un hasard singulier, il se rencontra avec moi de la façon que voici :

Discours de Me Nogent Saint-Laurens, prononcé le 8 avril 1865.	*Brochure publiée au mois de février précédent.*
Quand les assassins auront disparu, je me rallierai à votre amendement (l'abolition).	Abolissons la peine de mort; mais que les assassins commencent.
Vous faites de l'échafaud une peinture horrible; mais êtes-vous jamais entré avec la justice dans la maison où l'on a tué? n'avez vous jamais vu la veuve et les enfants en pleurs?	On comprend l'impression des jurés; ils voient devant eux un homme plein de vie : s'ils prononcent une syllabe au lieu d'une autre, cet homme sera tué... Cette image présente efface celle plus éloignée de la victime que cet homme a tuée de sa propre main (page 31).
Pourquoi la société assurerait-elle le bénéfice du principe de l'inviolabilité de la vie humaine	L'assassin qui est tué par la loi a volontairement mis sa tête en jeu. La peine de mort

aux scélérats qui ont violé ce principe?

Tout condamné à mort se pourvoit en cassation d'abord, puis en grâce; il y a là l'indice d'une terreur immense qui a une corrélation logique avec la terreur qui précède le crime.

Nous ne pouvons produire la liste de tous les assassinats que la peine de mort a prévenus; mais ne croyez-vous pas que l'esprit de plus d'un scélérat ait été traversé par cette terreur salutaire?

Je voudrais abolir la peine de mort; mais je ne

n'existerait plus pour les criminels; elle serait réservée exclusivement aux innocents... (page 33).

Combien avez-vous vu d'assassins repousser les chanches de l'appel — et ensuite celle du recours en grâce? — Donc, la peine de mort est ce que les criminels redoutent le plus. — Conséquemment, la crainte de la mort est la plus propre à les arrêter dans le crime (page 14).

Vous dites : « L'échafaud est inutile et n'effraye pas l'assassin. » Qu'en savez-vous? (page 12).

Il serait à désirer qu'on ne tuât plus pei

m'en crois pas le droit — je ne le peux pas.	sonne, qu'on brulât la guillotine... Nul au monde ne le désire plus sincèrement et plus vivement que moi. Vous voudriez qu'on supprimât la peine de mort? Je vous défie d'y applaudir plus que moi (page 10).
J'aborde la thèse de l'abolition de la peine de mort. Il n'y en a pas qui offre un sujet plus favorable aux déclamations brillantes, aux grands mouvements de la parole.	A soutenir l'abolition de la peine de mort, on peut se laisser entraîner sans une conviction bien puissante, parce que cette plaidoirie est féconde en phrases brillantes et faciles (page 45).

Certes, M. Nogent Saint-Laurens n'a pas lu ma brochure, car, s'il l'avait lue, il l'aurait citée...

A moins cependant que, mû par un sentiment de bienveillance, il n'ait voulu m'épargner une avanie semblable à celle qui me fut infligée dans cette même enceinte, où il parlait l'autre jour...

Attends un peu, mon cher Gatayes, que je cherche l'époque... C'était en 1845..., au mois d'août : je quittais Paris et toi après un séjour d'une quinzaine de jours, et je retournais à Sainte-Adresse, — où j'écrivis mon volume des *Guêpes* qui porte cette date; — le petit volume est terminé par ces mots :

« En rentrant chez moi, j'ai trouvé une lettre fort gracieuse de M. de Salvandy, qui m'annonçait que le roi, sur sa présentation, me nommait membre de la Légion d'honneur. — J'ai pris respectueusement le dernier ruban qu'a porté mon père, et je l'ai attaché à ma boutonnière. »

Or, la lettre de M. de Salvandy était datée des premiers jours d'août, et m'attendait chez moi depuis une quinzaine de jours; mais l'ordonnance signée du roi Louis-Philippe portait la date du 25 avril. — Quelques mois après, je vis le ministre de l'instruction publique, et je lui demandai s'il m'avait cru assez philosophe ou assez indifférent pour être autorisé à garder ainsi plus de trois mois cette ordonnance dans son portefeuille sans me la communiquer.

— Ce n'est pas cela, me répondit-il, je vais vous dire la vérité. — J'avais l'ordonnance le 25, et je voulais vous l'envoyer le 26, mais je n'ai pas osé.

Ce mot avait beaucoup de grâce dans la bouche de M. de Salvandy, qui passait à juste titre pour fort brave; aussi, je ne répondis que par un sourire.

— C'est cependant vrai, me dit-il; la Chambre des députés était furieuse contre vous, j'ai voulu attendre qu'elle vous oubliât un peu.

Voici, en effet, ce qui était arrivé :

Un jour, c'était en avril 1845, on discutait à la Chambre un de ces nombreux et inutiles projets de loi sur le duel, — contre les abus duquel les mœurs seules pouvaient faire et ont fait ce qu'il y avait à faire.

M. le marquis de l'Angle avait lu à la tribune un passage des *Guêpes* sur ce sujet.

Quelques membres de l'assemblée s'irritèrent fort de ce qu'on citait à la Chambre des députés l'opinion d'un homme qui ne payait tout au plus qu'une centaine de francs d'impositions, et qui n'était ni éligible ni électeur, — et un formidable *Allons donc!* une sorte de grognement désapprobateur à la façon anglaise, avait répondu à l'orateur, qui, homme à ne s'intimider ni là ni ailleurs, avait continué malgré les murmures.

Il y avait alors une sorte de comparse, de doublure, de confident de M. Thiers, inventé par un entrepreneur de journaux appelé Dutacq, et que l'on avait à la fois nommé rédacteur en chef d'un journal très-répandu et fait nommer député. — Ledit Chambolle fit, le soir même, sur l'incident, un *premier-Paris* qui fut imprimé dans la nuit et lu le lendemain matin.

Dans ce premier-Paris, M. Chambolle, disait, en se rengorgeant : « M. Karr a dû être fort surpris de se trouver mis en conflit avec des législateurs ; il *a trop d'esprit* pour voir sérieusement qu'on l'érige en Montesquieu, etc., etc. »

Je crus devoir répliquer dans *les Guêpes*. — Je demandai comment et pourquoi l'esprit est devenu, en ce pays, une cause de proscription, une infirmité qu'on ne peut se faire pardonner ni avec de la loyauté, ni avec du courage, ni avec quoi que ce soit au monde.

Quelque chose comme une lèpre dont on craint à tort la contagion ; un signe de malédiction comme celui que Dieu, dit-on, mit au front de Caïn.

Je fis suivre ma réponse de recherches assez divertissantes sur la supériorité de M. Chambolle — qui se terminaient par ceci — que, quelque part où M. Chambolle était législateur, ce n'était pas une grande ambition que d'être relativement un Montesquieu.

Néanmoins, M. Chambolle aidant, une partie de l'assemblée était demeurée fort mal disposée pour moi, et aurait pu jouer quelque mauvais tour au ministère; c'est pourquoi M. de Salvandy avait gardé pendant trois mois et demi l'ordonnance qui me nommait chevalier de la Légion d'honneur.

— Comment! m'écriai-je, entre deux hommes, celui-là est l'homme sérieux, le législateur, l'homme apte à gouverner, non pas qui a le plus de bon sens, d'équité, de probité, de désintéressement et d'intelligence, — allons donc! comme disaient M. Chambolle et ses amis, — mais celui qui a le plus de portes et de fenêtres, n'eût-il au monde que cela! »

As-tu reçu comme moi le prospectus d'un nouveau recueil de charges des contemporains?

— Cela n'a rien de nouveau : c'est toujours la même plaisanterie peu plaisante qui consiste à placer de grosses têtes sur de petits corps, même lorsque la tête du modèle est relativement petite et quelque obèse que soit le corps.

Il n'y a qu'un seul point sur lequel l'auteur

du nouveau Panthéon diffère de ses prédécesseurs.

Nadar, qui est un homme d'esprit (disons entre parenthèses que le livre sur *le Géant* renferme des pages de la plus grande beauté), Nadar avait compris que, dans la réunion des célébrités contemporaines *chargées par lui*, il devait se *charger* plus qu'aucun autre, et il n'y a pas manqué. Son imitateur est plus rusé : un de ses amis qui, de sa part, m'a demandé l'autorisation de placer *ma* figure dans sa collection, l'a trahi, sans mauvaise intention.

L'auteur du nouvel Album des caricatures, après avoir présenté sous le plus hideux aspect tous ceux de ses contemporains qui jouissent de quelque notoriété, termine sa revue par son portrait à lui, où il n'a chargé que les attraits que la nature lui a prodigalement départis. Résultat : un mélange heureux d'Alcibiade et de Michalon; ce qui a pour but, nécessairement, de démontrer aux belles contemporaines que, entre les divers individus qui, à divers titres et à divers degrés, occupent en ce temps-ci l'attention publique, lui seul a reçu le don la beauté et lui seul est digne d'être aimé.

III

ÉTRETAT

Dernièrement, je me trouvais par hasard dans une grande assemblée. A peine entré, je fus arrêté par un groupe de femmes dont les visages, pour la plupart charmants, étaient altérés par l'indignation.

— Avez-vous vu madame ***? me dit l'une d'elles.

— Non, j'arrive.

— Eh bien, cherchez-la ; c'est une horreur !

— Elle est donc bien changée ? Je l'ai vue hier, elle était fort belle.

— Ce n'est pas cela; elle est horriblement décolletée !

« Horriblement décolletée ! » Je regardai la personne indignée qui me parlait.

Je m'attendais à la trouver hermétiquement garantie contre les regards indiscrets : nullement, le corsage de sa robe ne montait que jusqu'au-dessous des bras, et offrait à l'admiration un peu plus du tiers, mais pas tout à fait cependant la moitié de sa gorge.

Et, d'un regard circulaire, j'examinai les autres beautés non moins indignées qui composaient le groupe, et je fus ébloui de la générosité avec laquelle on traitait les regards, et je leur trouvai des robes bien basses pour se montrer si collets montés.

Et je me mis à la recherche de madame *** ; et, quand je l'eus trouvée, je m'aperçus qu'elle était en effet un peu plus décolletée que les autres. Mais j'avoue que je ne pus prendre sur moi de partager l'indignation générale.

En effet, je suis scandalisé plus que personne peut-être de cet usage dont j'ai dit il y a longtemps :

> ... Au bal et dans ces cohues
> Où les femmes se montrent nues
> Sous prétexte de s'habiller...

Je n'ai pas réussi à m'accoutumer à voir des femmes et des jeunes filles faire une exhibition publique d'une partie de leur corps réputée *charmes*, le soir en plein salon, quand elles n'oseraient se montrer ainsi dans la maison, devant leur père, ni peut-être à elles-mêmes devant leur miroir quand il ne s'agit pas de préparatifs de bal.

Mais ce que je ne comprends pas davantage, c'est en quoi il est si inconvenant de montrer la seconde moitié de la gorge, quand il est si innocent d'en montrer la première.

Je voudrais également que quelqu'une des femmes austères qui ne montrent au public que la portion autorisée, voulût bien me dire ce qu'elle aurait à objecter à un homme qui, s'arrêtant devant elle et adaptant son lorgnon, examinerait de près, en se baissant pour mieux voir, ce que le corsage de la robe laisse découvert.

Certes, il serait très-peu convenable à un homme de regarder une femme au visage de trop près, trop fixement ou trop longtemps de manière à l'embarrasser.

Parce que le visage, étant forcément à découvert, a le droit de se considérer comme sous la protection des gens bien élevés.

Mais la gorge ! qui vous force de la montrer ? Vous la découvrez volontairement, c'est pour qu'on la voie, pour qu'on la regarde ; il y a des connaisseurs, il y a des myopes ; comment les excepter, et pourquoi ?

Je t'ai promis des nouvelles d'Étretat.

Il y a quelque temps, il vint me voir à la ferme un M. S***, amateur de musique fort distingué.

— Je suis chargé, me dit-il, de vous communiquer une lettre que j'ai reçue hier d'Étretat et de faire parvenir votre réponse.

Cette lettre était écrite à M. S*** par une femme des ses amies qui était en effet à Étretat, et voici à peu près ce qu'elle lui racontait :

« Un vieux pêcheur, encore robuste, rôdait depuis quelque temps autour de nous ; enfin il se décide à m'aborder et me dit :

» — Vous êtes de Paris, madame ? Alors, vous pourriez me dire si M. Léon ira à Dieppe au moment de la pêche du hareng, parce que nos gens l'y rencontreraient.

» — Je ne connais pas M. Léon, répondis-je.

» Il me sembla que le père Acher me regardait avec une défiance mêlée d'une nuance de dédain.

» — Vous êtes de Paris, dit-il, et vous ne connaissez pas M. Léon ! voilà qui est singulier ! il demeure pourtant à Paris.

» Entre toutes les raisons que j'aurais pu

donner de ne pas connaître M. Léon, « qui demeure pourtant à Paris », je m'avisai d'en choisir une qui me parut la plus facile à faire comprendre à mon interlocuteur : je lui dis que j'étais de Paris en effet, mais que je venais de passer six mois à Nice.

» — Ah bien, dit-il, Nice me va tout de même ; alors, vous connaissez M. Alphonse

» — M. Alphonse Karr ?

» — Oui, on nous a dit en effet qu'il s'appelle comme ça ; mais, pour nous, c'est tout simplement M. Alphonse. Vous le connaissez ?

» — Non.

» — Vous êtes de Paris, et vous ne connaissez pas M. Léon ! vous venez de Nice, et vous ne connaissez pas M. Alphonse !

» A la moue que fit le père Acher, je compris que je venais de descendre beaucoup dans son esprit... »

J'interrompis ici le récit de l'aimable correspondante de M. S***, pour rappeler une idée ou plutôt un sentiment analogue de mon matelot Buquet, de Sainte-Adresse.

J'emmenais quelquefois à la mer poser ou lever mes filets une charmante jeune femme qui ne vit plus que dans mon cœur ; — nous avions quelquefois, Buquet et moi, une assez rude besogne, et, peu à peu, elle s'était accoutumée, pour nous aider, à mettre la main au gouvernail ; — ce que Buquet trouvait tout simple.

Mais, un jour qu'un homme de mes amis vint en compagnie de sa femme lever les filets avec nous, Buquet s'avisa de crier à la femme, dans un moment où nous étions un peu embarrassés :

— Eh ! là-bas, madame, mettez donc la barre à tribord ! commandement que je dus exécuter, notre compagne ne sachant absolument pas de quoi Buquet voulait lui parler.

Celui-ci crut seulement qu'elle n'avait pas entendu, de sorte que, les filets levés, il lui dit :

— A présent, ma petite dame, la barre à bâbord et le cap sur la Hève.

Ce second commandement était resté sans résultat comme le premier; mais nous avions hissé la misaine, et je m'étais mis à ma place ordinaire, tenant la barre du gouvernail d'une main et l'écoute de misaine de l'autre. Arrivés à terre, nos compagnons prirent congé de nous en emportant leur part de poissons.

— Monsieur, me dit Buquet, quèque c'est que c'te femme-là? d'où que ça sort? ça n'sait seulement pas gouverner un bateau.

Revenons au récit que j'ai interrompu.

Attristée de me voir ainsi descendue dans l'opinion du père Acher, j'essayai de me relever.

» — Je ne connais pas M. Alphonse, dis-je, c'est-à-dire qu'il n'est jamais venu chez moi et que je ne suis jamais entrée chez lui; mais je l'ai vu souvent, je l'ai rencontré surtout le matin allant se promener à cheval.

» — A cheval!... M. Alphonse!... Et pourquoi à cheval? qu'est-ce qu'il faisait à cheval? est-ce qu'il n'y a pas la mer, dans ce pays-là?

» — Il y a la Méditerranée.

» — Ah! oui, une mer bleue qui n'a pas de marée...

» Et l'expression de sa figure montra un profond dédain.

» — C'est égal, ajouta-t-il, vous l'avez vu. Venez-vous-en un moment avec moi nous asseoir là-bas sur cette roche où nous ne serons pas dérangés, et causons de lui.

» J'obéis au père Acher, et il me raconta ce qu'on peut appeler la légende de M. Karr.

. . . .

» — Ah! dit-il à la fin, il était jeune, il était vigoureux et hardi..., et, ajouta-t-il, comme si ce dernier mot résumait tous les mérites et tous les éloges, il était matelot! — C'est pas tout, ma bonne dame, quand vous partirez d'ici, vous retournerez à Nice et vous lui ferez une commission pour moi.

» — Je ne retourne pas à Nice.

» — C'est fâcheux, mais ça peut peut-être s'arranger tout de même. Savez-vous écrire?

» Ce doute, que j'aurais pu trouver humiliant pour moi, était tout simple pour Acher à l'égard d'une femme qui, étant de Paris, ne connaissait pas M. Léon, et, venant de Nice, ne connaissait pas M. Alphonse, et lui faisait bien l'effet de n'être pas grand'chose.

» Je ne fus pas fâchée de pouvoir lui répondre affirmativement.

» — Ah! vous savez écrire? — Eh bien, vous allez écrire à M. Alphonse.

» — Mais je ne connais pas M. Karr...

» — M. Alphonse, vous voulez dire...

» — Eh bien, soit, M. Alphonse; je ne le connais pas et ne peux pas lui écrire.

» — Permettez-moi, ma bonne dame, de vous dire que ça, c'est tout bonnement une simplicité de votre part; c'est pas des injures qu'on vous dit de lui écrire, à c'thomme, au contraire. Il s'agit de lui faire savoir qu'ici les vieux se souviennent de lui, que les jeunes le connaissent par les récits des vieux, que tout le monde l'aime bien, et que, quand il viendra nous voir, ça sera une rude fête à Étretat. — Allez, marchez, ça lui fera plaisir, et il vous remerciera. »

Et, en effet, j'écrivis à cette dame pour la remercier, et je mis sous la même enveloppe une lettre pour Acher le père, qui ne tarda pas à me faire répondre en me donnant les nouvelles du pays que je lui demandais. — Hélas! la plupart de nos vieux amis, de nos vieux compagnons de pêche et de coudraie n'y sont plus.

« Tâchez, me fait dire Acher, de revenir une fois avec M. Léon avant que je m'en aille à mon tour. »

Et c'est un des projets que je caresse avec le plus de plaisir que d'y aller prochainement faire une pointe avec toi.

J'ai été ému jusqu'aux larmes de ce souvenir du père Acher.

Quelle excellente race que ces gens qui, vivant sans cesse dans le danger, se tiennent toujours en état de paraître devant Dieu ; que ces hommes bons à proportion de leur force et qui, également pauvres, ont toujours besoin les uns des autres et s'aiment entre eux.

Quel touchant souvenir ils ont gardé de quelques bons offices que j'ai pu leur rendre !

Quand j'étais parmi eux, il se passait à mon égard quelque chose d'étrange. — S'ils se croyaient victimes d'un passe-droit ou d'une injustice, leur premier mot était :

— Bon ! ça sera dit à M. Alphonse.

Et cependant, ils étaient loin de supposer même le peu de pouvoir que me donnaient certaines relations ; ils savaient très-bien que je n'étais pas riche et me considéraient avec raison comme un fort petit personnage. — Je t'en donnerai deux exemples.

Un jour, j'appelais un de mes compagnons de pêche pour qu'il me donnât « un coup de main »; il hésita quelque temps, puis s'avança et me dit :

— Ah! c'est vous, avec votre belle vareuse neuve (il paraît que j'avais une vareuse neuve), je vous prenais pour un négociant !

Et il riait aux éclats de m'avoir pris pour un négociant.

Une autre fois, un d'eux vint me confier son embarras; il devait, je ne sais plus dans quel intérêt, aller voir un bonnetier du Havre, et lui demander quelque chose — et... il n'osait pas.

Je l'encourageai de mon mieux, je lui fis un peu la leçon et il partit en disant :

— C'est égal, ça me gêne bien de parler à du monde comme ça.

Il revint le soir.

— Eh bien, lui dis-je, ça s'est-il bien passé?

— Très-bien, reprit-il, tout à fait bien. Je m'étais effrayé à tort; je lui ai parlé comme je vous parle, et l'affaire est arrangée.

C'est ici que je dois répondre à ta question : Laisserai-je les mêmes souvenirs à Nice? Non, et cela s'explique facilement.

A Nice, j'exerce une industrie : je suis jardinier et je vends des fleurs. Il est vrai que les autres en vendent, depuis que j'en vends, beaucoup plus qu'ils ne faisaient auparavant ; il est vrai que j'ai introduit ici des légumes et des fleurs inconnus avant mon arrivée; il est vrai que j'ai augmenté singulièrement la notoriété de Nice, mais néanmoins je ne puis éviter l'impression que voici :

Un chasseur remarque un mouvement dans un buisson, il espère voir débusquer un lièvre ou se lever un faisan ; il arme son fusil, mais le mouvement s'explique, mais la forme indécise se prononce, ce n'est pas un lièvre, ce n'est pas un faisan, c'est un autre chasseur ;

comment ne pas concevoir un sentiment quelque peu haineux?

L'étranger que l'on voit poindre est un gibier, doit être un gibier; comment lui pardonner de se transformer en chasseur?

Au commencement, j'ai dû engager dans cette petite affaire, pour former mes collections, un capital d'une certaine importance; pendant quelque temps, mon industrie m'a coûté quelques milliers de francs tous les ans. — C'est égal, on punissait l'intention, qui est criminelle au premier chef.

Je m'en soucie médiocrement, je cultive mon jardin et je m'occupe de mon *Histoire de la Rose*. J'ai amassé tant de matériaux, que j'ai de quoi noircir du papier sur ce seul sujet pour le reste de ma vie. Je prends la rose partout où elle a été mêlée; dans l'histoire, dans la politique, dans le roman, dans la philosophie, dans la poésie, dans la biographie des hommes et des femmes célèbres.

IV

LES ORANGERS

Par la fenêtre du cabinet où j'écris, je vois au loin la mer calme et unie comme une immense moire bleue ; mais, plus bas, dans mon jardin, je vois quelques passe-roses en fleurs, et je me sens humilié à tel point, que cela me distrait et m'empêche de regarder la mer pour jeter de fréquents et tristes regards sur mes passe-roses qui décidément sont médiocres.

On m'assure que le jardinier en chef de la ville de Paris, M. Barriller-Deschamps, en possède de fort belles ; il me les avait un peu promises dans une visite dont il m'honora il y a deux ou trois ans.

Je vais, en échange de sa collection de passe-roses, lui donner une idée qui tournera singulièrement à sa gloire, et à l'embellissement de la ville dont les *squares* sont une idée qu'on ne saurait trop approuver.

On possède en France, depuis bien longtemps, à Paris, à Fontainebleau, à Versailles et à Chantilly, je crois, un grand nombre d'orangers en caisse. L'un d'eux, qui vit encore et a été successivement à Chantilly et à Fontainebleau, puis à Versailles, — j'ai perdu sa trace et je ne sais plus où il est, — provient d'une graine semée à Pampelune en 1421. Il avait cent ans, lorsqu'il fut pris à la saisie des biens du connétable de Bourbon.

L'entretien de ces orangers coûte fort cher : chacune des caisses seules des plus gros représente une somme de quatre cents francs pour le moins; la terre, composée d'une foule d'ingrédients pharmaceutiques imposés par la tradition, donne quelque souci.

Et, pour résultat, ces boules sur des carrés que l'on sort au mois de mai, que l'on range dans les allées et que l'on rentre à la fin de l'automne, forment un spectacle hideux ; notez que la tradition encore fait peindre les caisses en vert, comme les bancs, comme les treilles de jardin, ce qui est criard et antiharmonieux, et jure d'une façon odieuse avec le vert du feuillage.

Cela était supportable, tant que la plupart des Parisiens n'avaient pas vu et n'avaient pas de chances de voir de vrais orangers vivant en pleine terre ; ils trouvaient cela laid mais magnifique.

Mais, aujourd'hui, Nice est à quelques heures de Paris, et tout Parisien viendra au moins une fois en sa chienne de vie voir nos orangers, plus drus, plus communs, plus fertiles que les pommiers en Normandie.

Voici un moyen que j'offre à M. Barriller-Deschamps d'utiliser ses orangers, et de changer un aspect répugnant en quelque chose de charmant :

Au lieu de voiturer deux fois par an ces grosses caisses ridicules, mettez résolûment les orangers en pleine terre, faites-en des groupes et des bosquets de formes régulières; puis, au lieu de faire voyager les arbres, faites voyager les serres, c'est-à-dire ayez des panneaux mobiles dont vous entourerez et couvrirez vos orangers à la fin de l'automne, et que vous ferez disparaître de mai à octobre, c'est-à-dire que, pendant cinq ou six mois, vous aurez les orangers presque comme nous les avons ici. — Cela ne donnera pas plus de peine et ne causera pas plus de frais que l'entretien actuel : vous pourrez placer sous les orangers une foule de plantes de serre tempérée et d'orangerie; seulement, ne donnez pas à vos orangers en pleine terre la terre pédante, prétentieusement fabriquée *secundum artem*, que vous leur donnez en caisse.

Cette terre, quoique encore trop savante, a été singulièrement modifiée et simplifiée;

c'était bien une autre affaire autrefois : il entrait, je crois, dans la terre à oranger, soixante et quelques ingrédients divers, lesquels devaient subir différentes préparations pendant plusieurs années à l'avance.

V

LA FÉE

Entre les fées conviées à mon baptême, il en est une que l'on avait oubliée, parce qu'elle vivait si retirée et qu'il y avait si longtemps qu'on ne la voyait plus, qu'il n'y avait sur elle que deux opinions : la première, c'est qu'elle était morte; la seconde, qu'elle n'avait jamais existé.

Elle entra dans la salle où étaient réunies les autres.

Par où entra-t-elle?

— Par la cheminée?

— Non, elle déteste la fumée.

— Par la fenêtre ?

— Pas davantage.

— Par le trou de la serrure? — Par une vitre qu'elle cassa? — Par le toit qu'elle perça ?

— Non, non! non, elle entra par la porte tout simplement.

Ce qui fit qu'on la traita d'originale, de personne affectée et maniérée, qui voulait se singulariser, car aucune des autres n'avait seulement songé à entrer par là.

Ce fut bien pis lorsqu'on remarqua qu'elle était vêtue d'une façon simple et commode, et lorsque l'on rappela que, depuis cent soixante ans, elle portait toujours le même costume, sous prétexte qu'une créature raisonnable peut et doit penser une fois pour toutes à adopter un costume conforme à sa stature, à sa physionomie, à ses habitudes, à ses goûts, à sa profession, et au pays que l'on habite, et qu'il y a quelque chose de puéril à ne pas donner et conserver à son galbe et à son aspect une physionomie toujours la même, comme à son visage.

— C'est pour se faire remarquer, disait-on tout bas, qu'elle s'habille ainsi.

Et celle qui parlait était une belle jeune fée, qui, selon la mode du moment, portait des manches dites « à gigot », qui rendaient chaque bras plus gros que le corps, et un peigne dit « à la girafe », qui servait à élever sur le sommet de la tête un édifice de cheveux « en coques. »

L'arrivée de la vieille fée excita chez les unes une telle mauvaise humeur, qu'elles s'en allèrent en disant : « C'est fini, on va s'ennuyer; » chez les autres, une telle envie de rire, qu'elles s'échappèrent en tenant leur mouchoir convulsivement serré sur leur bouche.

De sorte que je ne fus pas doué.

Je restai seul avec la vieille fée et mes parents.

— Ah! vous m'aviez oubliée?... dit-elle. Eh bien, pour vous punir, je vais faire un don funeste à ce marmot : je vais lui donner ce

que j'ai, LE BON SENS : — tant pis pour lui !
ça vous apprendra une autre fois à manquer
aux égards qui me sont dus.

Cela dit, elle sortit.

— Par où ?

— Par la porte, comme elle était entrée, puis par l'escalier.

— Mais vous ne nous avez pas dit sur quelle bête étrange elle était arrivée : sur un char traîné par des colombes ou par des chauves-souris ? sur un serpent ? sur une autruche rose ? sur un immense papillon ? sur un vautour lilas ?

— Non, elle était venue à pied, sa retraite n'étant pas très-éloignée de la maison.

Une fée amie de la famille, qui était restée cachée dans une armoire, se montra aussitôt après le départ de son ancienne, et dit à mes parents :

— Mes bons amis, je ne puis que prendre ma part de chagrin, et pleurer avec vous. Je n'ai aucun moyen d'extirper à votre mioche le don funeste qu'il vient de recevoir et qui suffirait pour annuler tous ceux que je pourrais lui faire.

» Hélas! il ne faut pas vous le dissimuler, la présente bamboche deviendra un homme qui ne sera pas bon à grand'chose dans la vie.

» Comme les hommes n'appellent sages que ceux qui ont précisément la même folie qu'eux, il risquera fort de passer pour fou. N'ayant jamais la folie régnante du moment, il marchera le plus souvent à l'encontre de la foule; ses côtes sont dévouées aux coudes. Il ne réussira à rien, ni en politique, ni en littérature.

Jamais il ne sera porté par une coterie, jamais il ne pourra partager la fortune d'un parti; il marchera seul, et, à la fin de sa vie, il se sera promené et ne sera pas arrivé. Vous serez bien heureux s'il ne passe pas pour un ennemi public, et s'il n'est pas traité comme tel. Il peut compter sur deux choses : la haine des méchants intelligents et le dédain des méchants imbéciles.

C'est un enfant dont vous n'aurez guère d'agrément.

Ici, les sanglots l'arrêtèrent, car elle aimait réellement ma famille et avait donné des preuves fréquentes de son affection : c'était une excellente petite fée.

Combien ma prochaine lettre sera donc intéressante.

J'ai découvert pour la France une source de richesses, de telle nature et en telle abondance, qu'il n'y a, comme on dit vulgairement, que « à se baisser pour en prendre ».

Note que ce n'est pas une plaisanterie ; que c'était, comme j'en donnerai la preuve, un secret connu du roi Louis XIII et du cardinal de Richelieu, et qu'il n'y a aujourd'hui, dans cette époque d'affaires, aucune affaire aussi sérieusement étudiée et établie sur des bases aussi certaines.

Je vais repasser, dans mon esprit, tous les rêves et les projets que j'ai faits sous la rubrique *Si j'étais riche*, rubrique à laquelle je vais substituer celle-ci :

« Quand je serai riche. »

Ou mieux encore :

« Quand je vais être riche. »

Fais comme moi jusqu'à l'apparition de ce lumineux article : préparons-nous à être riches, et à bien dépenser notre argent.

Prenons la ferme résolution de ne devenir ni arrogants, ni sots, ni dédaigneux, ni impitoyables, ni bouffis. En même temps que la liste de nos désirs, établissons la liste de nos dettes, en plaçant entre nos créanciers ceux auxquels nous n'avons pu faire du bien que nous aurions désiré leur faire.

Accoutumons-nous à l'idée que nous allons être, que nous sommes riches; prenons-en tout doucement et graduellement les allures pour ne pas ensuite avoir l'air de parvenus.

Je répète en finissant qu'il ne s'agit pas ici d'une plaisanterie ni d'un coq-à-l'âne, — et que

Richelieu avait pris tout à fait au sérieux cette source de richesses qui ne fut pas exploitée jusqu'au succès, à cause de sa mort qui arriva précisément au temps où elle lui venait d'être révélée complétement, ainsi que je le démontrerai; mais il avait cependant donné un énergique commencement d'exécution aux travaux.

A bientôt !

VI

BEAU SOLEIL

> Mon songe est sorti par une porte d'or. — Le songe lui-même était d'or. — Je ne voyais que de l'or. (LUCIEN.)
>
> Comme une flamme au milieu de la nuit, l'or brille au milieu de tous les biens qui enflent le cœur de l'homme. (PINDARE)
>
> Les richesses sont le souverain bonheur, et c'est avec raison qu'elles excitent l'admiration des hommes et des dieux. (EURIPIDE.)

Une observation cependant sur cette dernière citation : à peine ces vers furent prononcés, dit Sénèque, en plein théâtre à Athènes, que tout le peuple se leva pour faire cesser la tragédie et chasser l'acteur. Euripide se précipita sur la scène et pria les spectateurs d'attendre jusqu'au dénoûment, promettant que l'admirateur de l'or serait cruellement puni.

Puisque je cite Sénèque, citons-le une seconde fois. Dans les « signes du temps » qui, selon lui, annoncèrent un effroyable degré de corruption (il vivait sous Néron, que venaient de précéder Tibère, Caligula et Claude), il voit des symptômes remarquables :

« Un des premiers effets de la corruption par le luxe, dit-il, est la dépense dans les vêtements, puis dans les meubles, puis dans les maisons, dont on finit par dorer les toits.

» L'esprit se fatigue du langage usité et le trouve « infect », on cherche une nouvelle manière de parler, on rappelle de vieux mots hors d'usage, le caprice se forge une langue dont on ne s'était jamais servi, on détourne certains mots de leur usage, on tient à honneur et à élégance de se servir de certaines expressions à la mode, etc...

» Chaque fois que vous verrez régner un langage corrompu, soyez certain que les mœurs sont dépravées. »

Revenons à notre sujet.

Le cardinal de Richelieu avait besoin d'argent, il voulait abaisser la maison d'Autriche et faire jouer sa fameuse tragédie de *Mirame*, deux entreprises qui en exigeaient beaucoup ; la représentation de *Mirame* coûta 300,000 écus grosse somme aujourd'hui, somme énorme en ce temps-là ! et, pour ce qui est de l'Autriche, on donnait des secours plus ou moins clandestins à Gustave-Adolphe et on devait un peu plus tard solder les troupes de Bernard de Weimar, en attendant la guerre que la France ne tarda pas à faire elle-même à l'Autriche.

Le cardinal avait entendu parler d'un certain Jean du Chastelet, baron de Beausoleil et d'Auffembach, commissaire général des mines de Hongrie et conseiller de Sa sacrée Majesté impériale l'empereur d'Allemagne, lequel baron avait : les uns disaient une intelligence ou une science singulière pour découvrir les mines et les sources ; les autres, un pouvoir surnaturel dû à la magie et à des pratiques condamnables. On voit, du reste, dans le passe-port latin que j'ai sous les yeux que Sa sacrée Majesté toujours auguste, *semper augustus Ferdinandus II*, en ce *symbolum itinerarii belli* (*vulgo dictum* passe-port), rend témoignage des services fructueux que le baron lui a rendus, et des travaux importants qu'il a exécutés dans son royaume de Hongrie. L'empereur fait les plus *sévères* recommandations à tous ses sujets de l'empire romain, d'Allemagne, de Hongrie, de Bohême, d'Autriche, etc., de donner toutes les commodités et toute la protection possible audit baron, son conseiller, voyageant avec sa femme, ses enfants, ses serviteur,-

ses servantes, ses bagages, ses chevaux, toute sa suite enfin ; de les préserver de toute rapine et de les exempter de tous impôts, droits, etc.

Un autre passe-port, « du sérénissime prince d'Orange François-Henri de Nassau », ordonne également de donner toute aide et assistance au baron de Beausoleil, commissaire général des mines de Hongrie et conseiller de Sa sacrée Majesté impériale, voyageant avec cinquante mineurs allemands et dix hongrois.

On voit donc que le baron du Chastelet de Beausoleil n'était pas tout à fait le premier venu.

Et la femme, Martine de Bertereau, dame et baronne de Beausoleil et d'Auffembach, rappelle au cardinal, dans le livre qu'elle a publié, que ce n'est pas le besoin ni le désir de faire leur fortune qui ont amené son mari et elle en France ; que déjà le feu roi Henri le Grand les avait fait *demander et solliciter* d'y venir par « le feu sieur de Beringhen », qu'il ont une grande position en Hongrie, « commissaire général des trois chambres des mines *d'Hongrie* », qu'ils n'ont pu quitter avec agrément, passe-port et congé de Sa sacrée Majesté impériale qu'en y laissant Hercule du Chastelet de Beausoleil, leur fils, en la place et exercice de la charge du baron, etc.,

Ce qui m'a rappelé un ouvrage curieux que le hasard a fait tomber entre mes mains il y a longtemps, c'est l'annonce, faite par plusieurs journaux, qu'une concession de mines venait d'être faite à une compagnie anglaise dans un de nos départements du Midi, et, dans ce livre, je vois cette mine annoncée précisément aux lieux pour lesquels la concession a été demandée.

Ce petit volume est imprimé

à Paris, chèz HERVE DU MESNIL

RUE SAINT-JACQUES

A LA SAMARITAINE

MDCXXXX

Avec privilége du roy

Sous ce titre :

LA RESTITUTION DE PLUTON

à Mgr l'Éminentissime

CARDINAL DUC DE RICHELIEU

de mines et minières de France cachées et détenues jusqu'à présent au centre de la terre, par le moyen desquelles les finances de Sa Majesté seront beaucoup plus grandes que celles de tous les princes chrétiens et ses sujets les plus heureux de tous peuples.
Ensemble la raison pourquoi lesdites mines ont été jusqu'à présent sans profit.

Mais commençons par parler de l'affaire avant de parler de la forme étrange et curieuse qu'y donne la dame Martine.

A la fin du livre, outre les passe-ports de l'empereur et du prince d'Orange, on lit : 1° une commission de M. le maréchal d'Effiat :

« Au sieur Jean du Chastelet, baron de Beausoleil, salut...

» Conformément à l'intention de Sa Majesté, etc.

» Ayant été dûment informés par rapport de

l'étude et recherche très-exacte et particulière que vous avez toujours faites pour acquérir la connaissance de la nature de tous les métaux, etc.

» Vous donnons plein pouvoir de vous transporter en tous les lieux et provinces du royaume, etc., faire ouvrir les mines, dresser forges et fourneaux, avec telles et tant de personnes que vous verrez bon être, etc.

» Requérant tous gouverneurs de province, baillys, sénéchaux, prévôts, etc. *Signé :* ANTHOINE DE RUZÉ, *maréchal d'Effiat, intendant des mines de France.* Enregistré à Toulouse en parlement le 8ᵉ de juillet 1627.

» *Signé :* DEMALENFANT. »

« Enregistré ès registre de la cour du parlement de Provence, ce jourd'hui 10 décembre 1627. *Signé :* ESTIENNE. »

Cette commission du maréchal d'Effiat est accompagnée de la lettre du roi :

« Louis, etc., *à nos gens* tenant *nos* cours de parlement de Paris, Rouen, Dijon et Pau, et à tous autres, etc., doutant que fissiez difficulté à cause de la mort du maréchal d'Effiat, notre cher cousin, de faire registrer la commission émanée de lui à *notre cher et bien-aimé* le sieur du Chastelet, baron de Beausoleil, etc.

» Ayant les certificats de la découverte qu'il a faite de plusieurs mines et *preuves d'icelles*, etc.; vous mandons, etc. Donné à Paris l'unzième jour d'août 1632, et de notre règne le 23e. *Signé :* LOUIS.

» Par le roy :

» DE LOMENIE.

» Scellé de cire jaune. »

Suit une deuxième commission donnée par Charles de la Porte, sieur et marquis de la Meilleraye (suite une page de titres), qui doit être lue avec attention :

« Au sieur Jean de Beausoleil, conseiller

d'État de l'empire, chevalier de l'ordre de Saint-Pierre le Marty, et du saint-office, salut comme par lettres, etc.

» Vous avez été commis pour la recherche générale des mines du royaume, à quoi vous avez vaqué avec telle affection et diligence *à vos propres coûts et dépens*, que vous avez trouvé et découvert nombre de mines d'or et d'argent, plomb et autres minéraux, même des pierres précieuses, tant fines que communes, etc.

» Et, averti que nous sommes que plusieurs personnes les font travailler secrètement, la plupart à l'heure de nuit, et vendent la pierre et la terre desdites mines aux étrangers, qui frustrent la France des profits de la fonte et afinement d'icelles, etc.

» A plein confions en votre capacité et experience, etc., vous commettons de nouveau, etc. 24ᵉ d'octobre 1635. »

Suivent d'autres commissions, l'une du comte

de Tournon, lieutenant général en Languedoc (demi-page de titres), et l'autre du grand prieur de Champagne (demi-page de titres), datée du 16ᵉ de mai 1637.

Suit enfin le privilége du roi pour le livre :

« Nos bien aimés baron de Beausoleil et la dame sa femme ont composé un livre sur les mines qu'ils ont découvertes dans notre royaume lequel fait connaitre à nos subjects et aux estrangers que la France est remplie de tous métaux et minéraux qu'on sçaurait souhaiter.

» A ces causes, etc.

» Voulons qu'au *vidimus* des présentes, foy soit adjoutée, etc.

» LOUIS.

» Par le roy. »

De tout quoi — pour continuer le style de chancellerie — il ressort que le baron de Beausoleil était un homme considérable dans son pays, d'une science certaine et ayant pendant plusieurs années fait à ses dépens en France des recherches qui ont été extrêmement coûteuses, car il avait amené avec lui une soixantaine de mineurs allemands et hongrois, et on voit, par les lettres et commissions, qu'il se faisait autoriser à en employer *un nombre illimité.*

Il est évident que ces recherches avaient été suivies de découvertes importantes, et que le privilége du roi, à propos du livre, en atteste la véracité.

Mais il ressort aussi de ces pièces, comme plus tard nous verrons ressortir du livre, que le baron trouva beaucoup d'obstacles dans le mauvais vouloir des subalternes, dans les rapines des voisins et dans les superstitions du temps, ce que nous verrons détaillé au livre, — toutes choses contre lesquelles, non-seulement le roi, mais même le cardinal n'étaient pas les plus forts.

Ceci constaté, je vais prendre dans l'ouvrage les mines découvertes, — *avec preuves*, comme dit la lettre du roi du 11 août 1632, pensant que l'attention publique, suffisamment avertie, ne laissera pas cette fois, comme dit le marquis de la Meilleraye dans sa commission du 24 octobre 1635, *les étrangers frustrer la France des produits d'icelles mines*. Crainte qu'a dû me rappeler, comme je le disais en commençant, cette *concession importante de mines* dans le Midi à une compagnie anglaise.

« Nous avons trouvé :

» Aux monts Pyrénées, proche de Saint-Beut, une bonne mine qui a quantité d'or.

» A la montagne de Sault, une mine d'or; à une lieue de Lorde, une bonne mine d'argent; à une demi-lieue de Saint-Bertrand, une grande mine de cristal et deux de cuivre qui contiennent quantité d'argent.

» Dans le comté de Foix, au lieu dit Rivière, une mine d'or; à la montagne de Montroustaud, une mine d'argent, et, dans la même montagne, une mine de cuivre qui contient de l'argent.

» A la montagne de Cardazet, une mine d'argent; au lieu appelé la Minière de l'Aspic, une mine de plomb contenant dix-neuf portions d'argent; proche le village appelé le Pech et Château-Verdus, trois mines : une de cuivre, une de plomb et l'autre de fer; au lieu appelé d'Alsens, une mine d'argent, etc., etc.

» Au lieu de Lourdat, une mine d'or, et une mine d'argent à demie-lieue dudit Lourdat; au lieu appelé Désastés, une mine d'argent, etc., etc., etc.

» En Languedoc, cinq mines de jayet, au lieu appelé la Bastide-Delpeyrat, auxquelles mines trois, *voire* quatre cents hommes travaillent tous les jours, etc., etc., etc.; dans le marquisat de Portes, trois mines de fer et deux de charbon, etc., etc., etc.

ROUERGUE ET QUERCY

» Au lieu de Saint-Félix de Sorgues, une bonne mine de cuivre, etc., etc.

» Au lieu de Cremeaux, huit mines de charbon; à Rodez, une mine de cuivre proche le château de Corbières; en *Condounois* (Condoumois?) une mine d'or dans la terre de Meszin.

» En Velay et Gevaudan, une mine de saphirs blancs et bleus très-bons; au terroir de Saint-Germain, proche du Puy à Espailly, dans un ruisseau appelé, en langage du pays, *lou riou Pegouliou,* se trouve quantité de grenats, rubis, hyacinthes, — opales très-bonnes et fines, — et, autour du Puy, quantité de plâtrières, de gypse et de talc, et beaucoup de pierres de meules de moulin.

» Etc., etc., etc.

» En Auvergne, au lieu de Pégu, une bonne mine d'améthystes.

» Au lieu de Prunet, quatre mines d'ardoises grossières, etc., etc.

MINES DE PROVENCE

» Au terroir du Luc, diocèse de Fréjus,

une mine d'argent, et une mine de plomb à demi-lieue dudit Luc.

» Une mine de cuivre au terroir de Sisteron.

» Une autre mine de cuivre au terroir de Verdoches, près la ville de Digne, contenant de l'or et de l'argent, etc., etc.

» Une mine de plomb au terroir de Saint-Tropez.

» Une mine de cuivre au terroir d'Hyères, contenant or et argent, avec mine d'alun ; au terroir de la Molle, une mine de soufre rouge.

» Une mine de cuivre au terroir d'Aix.

» Une mine d'or et d'argent au terroir de *Barjous* (Barjols?), etc., etc.

MINES DU DAUPHINÉ

» A la montagne d'Aurion, une mine d'or.

» Proche la ville de Dié, une mine de pierres semblables à celles appelées *diamants d'Alençon*.

MINES DU BOURBONNAIS

» Au village d'Uris, une mine de plomb.

MINES DE NORMANDIE

» Proche le *Ponteau de mer* (Pont-Audemer?), une mine d'*azur*. »

» Etc., etc. »

Naturellement, je ne donne qu'un extrait de la liste fournie par la dame Martine de Beausoleil, qui termine ainsi cette liste :

« Quantité d'autres mines très-bonnes desquelles j'ai des échantillons et des procès-verbaux que mon mari en a fait à la présence des juges des lieux et des officiers de Sa Majesté. »

J'arrête ici la première partie de mon travail, et je résume.

Il est plus que probable, vu les qualités du baron de Beausoleil, sa position sociale, les fonds énormes dont il disposait, sa science reconnue non-seulement en France, mais dans son pays, où il occupait des fonctions importantes, vu les lettres du roi et de divers officiers constatant les résultats, le privilége du roi approuvant les assertions du livre *la Restitution de Pluton;* il est plus que probable que le baron n'était pas un aventurier, et que ces nombreuses mines, dont je n'ai mentionné que quelques-unes, existent en France; que le progrès de la science à l'époque où nous sommes, le perfectionnement des instruments pour l'extraction, la fonte et l'affinage du minerai, l'amélioration des voies et moyens de transport, et l'autorité, mieux armée pour faire respecter ses décisions, rendraient l'exploitation de ces mines plus facile et plus profitable.

La dame de Beausoleil signale la Provence comme ayant plusieurs mines de cuivre; et vous voyez « une importante compagnie anglaise » en demander *la concession.*

Dans une prochaine lettre, je te dirai les obstacles dus à la malveillance, à la superstition et à l'avidité qui empêchèrent le baron de Beausoleil de donner suite à ses recherches ou, du moins, à l'exploitation.

Et je ferai un résumé des choses étranges que contient *la Restitution de Pluton* adressée à Mgr l'éminentissime cardinal duc de Richelieu, par Martine de Bertereau, dame et baronne de Beausoleil et d'Auffembach.

LA RESTITUTION DE PLUTON

PAR

MARTINE DE BERTEREAU, DAME ET BARONNE DE BEAUSOLEIL ET D'AUFFEMBACH

Lorsque la dame d'Auffembach composa et adressa ce livre au cardinal de Richelieu, il y avait déjà neuf années qu'elle et son mari avaient commencé leurs recherches et, sinon l'exploitation, au moins les essais des diverses mines découvertes par eux en France, ainsi qu'en fait foi le marquis de la Meilleraye, surintendant des mines, et le tout à *leurs frais et dépens*, comme elle l'affirme, et comme il est prouvé par les pièces authentiques dont j'ai donné les extraits. Et ce n'étaient pas de menus frais, si l'on se rappelle qu'ils étaient arrivés avec soixante mineurs allemands et hongrois, des chevaux, etc.

Le baron de Beausoleil, sollicité déjà par M. de Beringhen, de la part du roi Henri IV, n'était arrivé en France, sous le règne de Richelieu, qu'avec l'autorisation de l'empereur d'Allemagne, qui avait joint à sa permission des marques d'estime plus évidentes, et avait accepté un des fils du baron pour les fonctions de commissaire général des mines de Hongrie.

Néanmoins, malgré le succès reconnu par les diverses pièces dont j'ai donné au lecteur une connaissance sommaire, le baron avait rencontré des obstacles invincibles : — 1° dans le mauvais vouloir des subalternes; — 2° dans la superstition; — 3° dans la rapine de quelques fonctionnaires et de quelques voisins. Il paraît également que le baron de Beausoleil n'avait entrepris de si difficiles et de si coûteuses recherches qu'en vue de certains avantages, — une part sur les bénéfices probablement, — et que cette part devenait nulle par les obstacles qu'on apportait à l'exploitation des mines découvertes.

Donc, l'écrit de la dame Martine a pour but de dénoncer ces obstacles et ces rapines qui entravent la volonté du cardinal et de se défendre contre l'accusation de magie.

Dame Martine a un troisième but dont l'utilité ou la moralité me paraissent moins claires; tout en défendant elle et son mari d'être magiciens et sorciers, tout en révélant quelques-uns des signes naturels qui dénoncent des études profondes et assidues de la nature, elle veut cependant faire croire à des secrets tenant quelque peu à l'alchimie, à l'astrologie, à la vertu des nombres et des constellations, en un mot à une sorte de pouvoir quasi surnaturel; disons cependant que peut-être j'ai, en blâmant ce dernier point, le tort que j'ai eu à l'égard de certains hommes et de certains événements contemporains.

Mangin, l'homme au casque, qui peut-être est destiné à donner son nom à notre époque, — *l'ère de Mangin,* l'âge de la mine de plomb, pour faire suite aux âges d'or, d'argent, d'airain et de fer, — Mangin et quelques-uns de nos contemporains n'ont pas inventé le charlatanisme, ils ne l'ont que perfectionné et appliqué à tous les degrés de l'échelle sociale, depuis le plus haut jusqu'au plus infime.

Peut-être le succès n'est-il qu'à ce prix. Je n'ai vu, en effet, de mon vivant, les grands triomphes obtenus que par des procédés voisins de l'habit rouge, du cabriolet et de la grosse caisse des arracheurs de dents en plein vent.

Donc, la dame Martine commence par une *épître liminaire* au cardinal, dont je vais citer quelques passages :

« Si l'on vouloit figurer la France, il la faudroit couronner comme la reine des autres parties de l'Europe; car, entre les faveurs particulières qu'elle a reçues du ciel, étant si fertile en bled, vins, fruits et autres choses nécessaires pour l'entretien de la vie humaine, il faut compter qu'elle l'emporte sur tous les européens en bonnes mœurs, franchise d'humeur et naïveté.

» En un seul point la France paroît inférieure aux autres pays, c'est qu'elle est obligée de tirer du dehors le nerf de la guerre et l'âme du commerce, à savoir l'or et l'argent.

» Mais, aujourd'hui, Dieu vous ouvre les yeux et apprend à Votre Éminence très-auguste, par moi qui ne suis qu'une femme, qu'il ne faut que votre volonté pour qu'on ouvre en France non un puits, non une fontaine, mais un abysme de richesses qui aura bientôt guéri de la pauvreté ce grand et puissant royaume, etc., etc., etc. »

Suit un sonnet qui se termine par ces trois vers :

> Si vous authorisez ce que l'on vous propose
> Vous verrez, monseigneur, que, sans métamorphose,
> La France deviendra bientôt un riche lieu.

Après quoi, le livre commence. La dame d'Auffembach débute par expliquer leur position réelle. Ils ne sont pas des aventuriers, à preuve les titres, dignités qu'ils ont obtenus dans leur pays; — ils ont dépensé plus de trois cent mille livres de leur fortune pour faire les recherches; ils ont donné des échantillons, vus, reçus et approuvés par les employés des mines de France; ils n'ont jamais demandé et ne demanderont jamais rien qu'une petite part dans les énormes richesses qu'ils sont prêts à livrer, offrant de faire de leurs deniers les dépenses d'exploitation, comme ils ont fait celles des découvertes.

Un des grands obstacles qu'ils rencontrent est la superstition, réelle chez les uns, simulée chez les autres.

On soutient qu'il faut être magicien pour trouver les choses cachées dans le ventre de la terre, et qu'il n'y a que les démons seuls qui en ont la connaissance.

« On dit aussi que les mineurs et renverseurs de terre ne pourroient faire leur salut en ce travail, qui ne réussiroit qu'après avoir consulté les démons des mines. »

A l'appui de quoi, elle raconte que « un certain Latouche-Grippé, prévost provincial au duché de Bretagne, feignant de prendre en pitié le sort de ces pauvres ouvriers, livrés aux démons par les magiciens étrangers, profita de ce qu'elle, dame de Beausoleil, étoit allée à Rennes faire enregistrer la commission du roi au parlement de Bretagne, tandis que le baron visitoit la mine de la forêt du Buisson-Rochemare avec le substitut du procureur du roi, pour s'introduire avec violence dans leur maison de Morlaix, ouvrir leurs coffres, prendre, piller et emporter tout ce qui étoit dedans, et en outre les mines, l'or et l'argent de Sa Majesté, les instruments de toute sorte, les papiers, les procès-verbaux, etc. etc. ; » faits pour lesquels la dame Martine demande des juges, qui décideront si elle et son mari sont magiciens et si Latouche-Grippé n'est pas, lui, un voleur et le seul démon de cette affaire.

« Les ignorants et, qui pis est, les *sçavanteraux*, dit-elle, ont coutume d appeler magiciens et sorciers tous ceux qui, à force d'études, ont acquis les connoissances qui leur manquent. »

Et elle donne la liste des sciences qu'elle et son mari doivent nécessairement posséder pour de telles entreprises de découvertes et aussi pour gouverner l'armée d'ouvriers qu'ils emploient; ils doivent savoir l'architecture pour bâtir les fonderies, étayer les rochers, creuser les puits, tirer les minéraux et faire toutes les machines et ustensiles, dont suit une longue liste.

La géométrie.

L'arithmétique, pour éprouver les mines, reconnaître les mélanges et les alliages, etc.

L'hydraulique.

La jurisprudence; — car il faut savoir les règles, coutumes et ordonnances relatives aux mines dans toute l'Europe, et pouvoir rendre équitable justice aux ouvriers, associés, etc.

La connaissance des langues, au moins de la latine, l'allemande, l'anglaise, l'italienne, l'espagnole et la française, pour comprendre les ouvriers de toutes ces nations et se faire comprendre d'eux.

La médecine et la chirurgie, pour se défendre des vapeurs, gaz, etc., et secourir les blessés et les malades dans les mines, loin de tout secours étranger.

Il faut savoir la chimie, la science de l'affineur, celle du lapidaire, et enfin, ce qui au premier abord étonne un peu, la théologie.

Ce qu'elle explique ainsi :

« Nous n'avons dans les mines ni prêtres ni ministres; il faut cependant conserver dans le cœur des ouvriers la parole de Dieu, exhorter les malades et les mourants, et amener tout doucement à se convertir à la vraie religion (elle ne dit pas quelle est la vraie; c'est la sienne naturellement, mais quelle est-elle?) des ouvriers qui, en ce moment, dans leurs travaux, se divisent en philippistes, anabaptistes, calvinistes, luthériens, zwingliens, hussites, wigaudistes, majoristes, ossiandristes, antitrinitains, schimidelistes, antinomiens, synergistes, adiaphoristes, stendifeldistes, flaccians, substanciaires, manichéens et mahométiques.

» Outre ces sciences, ajoute-t-elle, dont nous avons donné des preuves incontestables, il faut avoir de grandes sommes de deniers, de bonnes correspondances et nombre d'associés pour trouver de l'argent à toute heure et sans cesse pour payer les ouvriers, acheter les bois, forêts, etc., ce que peut mon mari.

» En un mot, qu'on nous mette à même, en nous protégeant contre la rapine et la superstition, d'achever nos travaux, et l'on verra que la France possède dans son sein tout ce qu'elle va chercher chez les étrangers, sauf les monstres, tels qu'éléphants, lions, crocodiles, etc., et que cette heureuse terre, enceinte de tant de richesses, ne demande qu'à être délivrée, et à enfanter l'abondance, le repos, les délices, la joie et la victoire contre les ennemis des lys. »

La troisième partie du livre de la dame Martine est consacrée, comme je l'ai dit, à l'astrologie, au grand œuvre, à l'or potable ; — il faut, pour trouver les métaux et les sources, seize instruments et sept verges.

Plus, sept constellations et sept figures représentant les aspects du ciel favorables à la découverte de tel ou tel métal.

Mais, en même temps, elle indique des moyens naturels, scientifiques et incontestables de faire les mêmes découvertes. Elle parle de *pierre d'aimant,* au moyen de laquelle on peut faire des merveilles, comme d'écrire à quatre et cinq cents lieues de distance sans aucun messager.

Résumons : le baron de Beausoleil et sa

femme étaient des gens savants, considérés, riches; leurs recherches sont positives et les résultats incontestables. — Il y a en France des mines de toute sorte qu'il est aujourd'hui bien plus facile qu'alors d'exploiter. — Cette concession de mines de cuivre faite à une compagnie anglaise, précisément dans une localité où le livre de la baronne annonce des mines de cuivre, suffirait pour appeler au moins un examen sérieux.

Il y a là une affaire importante, plus fondée que la plupart de celles que je vois faire.

Ouvrons donc « ce puits, cette fontaine, cet abysme de richesses, qui doit nous guérir de la pauvreté. »

VII

THÉATRE ITALIEN

Nous avons cette année, à Nice, un assez bon théâtre italien, ce qui n'avait pas eu lieu depuis l'annexion de Nice à la France.

L'impresario Provini nous fait entendre des artistes sérieux : mesdames Colombo, Lanzi, Kopp-Yung, une Anglaise, et mademoiselle Uberti, une Allemande, si élégante, si distinguée, qu'elle charmerait les spectateurs même sans sa belle voix de contralto.

Cesjours derniers, on nous a présenté la nouvelle célébrité annoncée, c'est madame Ronzi.

Sa voix, que je n'ai pu juger, parce qu'elle était enrouée et peut-être émue la seule fois que je l'ai entendue dans *Norma*, est, dit-on, fort belle, et, si elle le cède néanmoins à la comtesse

Pepoli sous le rapport du talent, elle l'a rappelée au public en la surpassant sur deux autres points : elle est plus petite et plus grosse que l'Alboni.

J'avais entendu dire que la représentation de *Norma* était retardée par une circonstance bizarre : c'est que mademoiselle Ronzi devait rapprendre les paroles du rôle. Elle venait de faire une assez longue campagne à Rome, et, à Rome, il y a un *index* pour les opéras.

On ne proscrit pas ce spectacle, en des temps plus rigides anathématisé par l'Église ; loin de là, les abbés et les prélats s'y font voir sans exciter de scandale ni s'attirer de blâme ; — les opéras sont seulement *expurgés*, corrigés, non à un point de vue moral, mais à un point de vue politique.

Je fus curieux de voir les corrections faites à la *Norma*, et je fis, par l'entremise de M. Provini, la proposition à madame Ronzi de lui faire porter en scène, par un valet à la livrée de la ville, un magnifique bouquet, en échange de son rôle corrigé à Rome par la censure papale.

Je possède la brochure.

Partout, le mot *patrie* est effacé : ce mot, à Rome, est considéré comme séditieux. Les Romains n'ont plus de patrie, il est défendu même de leur en parler, comme il était défendu autrefois aux Suisses, à l'étranger, de jouer le *Ranz des vaches*, qui leur donnait la nostalgie en leur rappelant leurs montagnes. Le gouvernement romain a conçu et exécuté l'idée ingénieuse d'exiler les Romains de Rome dans Rome même.

Les mots de *Rome* et de *Romains* sont eux-mêmes considérés comme immoraux. Il serait dangereux, paraît-il, que les Romains se rappelassent qu'ils sont Romains.

Ainsi :

Scène IV, Norma chante partout ailleurs :

> Et di Roma affretar il fato ariano,
> . . . .
> Non fur le patrie selve . . . . .

Sur la brochure que j'ai entre les mains, les mots *Roma* et *patrie* sont effacés et remplacés à la marge par

Affretare dei nemisi,

et par

Nostre selve.

Dans la même scène, on entend partout ailleurs :

Nostra vendetta ;

effacé et remplacé par

Feral vendetta.

Plus loin, à la fin de la même scène, *patria* est remplacé par *pace*.

Une prêtresse, même d'un faux dieu, même d'Irminsul, ne peut avoir manqué à son vœu de chasteté : aussi supprime-t-on, à Rome, les scènes où paraissent les enfants, et, chaque fois que, dans le reste de la pièce, il est question de ces enfants, on rencontre une rature et un synonyme à la marge. Généralement, c'est *la foi* (*fede*) qui remplace *figli, figliuoli*.

« As-tu oublié nos enfants? » dit Norma à Pollion partout ailleurs qu'à Rome.

Mais à Rome, elle lui dit :

« As-tu oublié la foi, malheureux? »

Madre est également remplacé par *fida;* *padre*, par *fido; sangue romano*, par *sangue profano.*

Sposo, l'époux, est remplacé par *il fido* (le fidèle).

A la scène ix du deuxième acte, Norma dit à Pollion :

« Jure par tes fils ! »

Pe' figli tuoi
Giurar...

Il faut dire à Rome :

« Jure par tes ancêtres ! »

Pe' gli avi tuoi!

Même scène :

Effacez *i Romani* et mettez *i nemici.*

Les Romains ne sont plus les Romains, ils sont les ennemis... De qui?

A la dernière scène, il y a dans la brochure ordinaire :

« Une prêtresse parjure. »

Una spergiura
Sacerdotessa.

— Une prêtresse parjure ! s'écrie l'Index, c'est affreux ! c'est impossible ! l'alliance de ces deux mots est immorale et séditieuse ; effacez et mettez :

Ingrata figlia!

Et, plus bas :

Tradi la patria.

— Trahir la patrie ! en voilà bien d'une autre ! patrie est indécent, trahir la patrie est séditieux ; effacez et mettez :

« Se trahir soi-même. » *Tradi se stessa.*

Romano, effacez ; mettez *insano*. C'est un synonyme. Et, en effet, bien insensé ce peuple qui... Mais nous ne devons pas parler de politique.

Miei figli, effacez ; mettez e *Adalgisa*.

I nostri figli, effacez et dites : *Ah! padre mio,* etc., etc.

Il serait facile de démontrer quelle haute sagesse préside à ces changements et à ces suppressions ; mais il est une modification que je ne sais comment expliquer, c'est la suppression du nom de *Norma*, qui est remplacé par celui de *Delia*. Est-ce parce que *Norma* est presque l'anagramme de Rome ?

Et voilà comment on sauve les empires !...

Autrefois, un grand nombre de femmes, lorsque arrivait l'heure fatale où elles ne pouvaient plus se cacher que l'amour ne voulait plus d'elles, prenaient le parti d'y renoncer et entraient en religion. Aujourd'hui, beaucoup d'entre elles entrent en feuilleton et publient leurs confessions, qui consistent surtout à raconter les péchés des autres.

Pour celles qui suivent l'ancienne méthode et qui ne se confessent qu'à un directeur, elles y trouvent une volupté un peu amère peut-être, mais qui n'en est pas moins une volupté. Je n'y connais pas de plus grande analogie que celle-ci : un taureau couché sur une épaisse litière, près de son râtelier vide, et ruminant, c'est-à-dire rappelant de *ses estomachs* une nourriture qu'il mâche et savoure encore une fois.

La pénitence est le dernier péché des femmes.

J'en suis arrivé à ne pas placer les gens notoirement méchants au premier rang de mes antipathies ; il ne viennent qu'après les gens faibles et sans caractère déterminé.

Un méchant n'a que sa méchanceté à lui, nécessairement circonscrite dans certaines limites, et bornée à certaines formes ; on peut la prévoir d'après ses intérêts, d'après son tempérament, conséquemment, s'en mettre à l'abri.

Mais ces gens indécis et sans figure individuelle, semblables à l'eau qui prend la forme du vase où on la met, ont simultanément ou successivement la méchanceté de tous ceux qui veulent les exploiter ou vous nuire.

Un chien mord, un taureau frappe de la corne, un mulet rue, une abeille pique; vous vous garez de la gueule du chien et de la corne du taureau, vous ne passez derrière le mulet qu'à une distance calculée, vous évitez de tracasser ou de toucher l'abeille; mais comment vous garer d'un animal qui piquerait, ruerait, mordrait et donnerait des coups de corne?

Il est encore une raison qui me fait préférer les méchants aux faibles, c'est-à-dire les défauts et les vices qu'on a aux défauts et aux vices qu'on emprunte, et on n'aurait guère de vices si on n'avait que les siens. Tel vice, tel défaut est parfois l'exagération, l'exaspération d'une vertu ou d'une qualité, ou du moins en est la doublure; l'homme violent et emporté est le plus souvent franc et ouvert; l'homme rusé est fin et spirituel; l'homme rigide et sévère est probe et régulier; mais l'homme faible emprunte la violence, la ruse et la sévérité sans prendre en même temps la franchise, l'esprit et la probité.

L'extrême prudence est aussi ennemie de la sécurité que l'extrême étourderie, ou l'extrême insouciance.

Celui qui marche au hasard en regardant briller les étoiles et voltiger les papillons et les fils de la Vierge, ne tombe pas plus souvent que celui qui, les yeux fixés sur le pavé, regarde trop près ou trop loin de ses pieds.

Une cause de chutes fréquentes est encore de regarder derrière soi.

Rien dans la vie n'arrive comme on l'a craint ni comme on l'a espéré.

Les malheurs parés trop tôt sont comme les bonheurs visés de trop loin : les premiers vous touchent, et vous manquez les autres.

Il faut donc, dans la vie comme dans la rue, regarder seulement à quelques pas en avant et ne s'occuper de l'avenir qu'au moment où il va devenir présent. Ne vous fatiguez pas les yeux à percer un brouillard qui va se dissiper de lui-même.

Il ne servirait à rien de semer le blé deux ans d'avance, il serait fort ennuyeux de passer toute la journée à faire son lit pour le soir.

M. de Vendôme disait que, dans la marche des armées, il avait souvent examiné les querelles qui s'élevaient entre les mulets et les muletiers, et que, à la honte de l'homme, la raison était presque toujours du côté des mulets.

Ai-je lu, ai-je pensé, ai-je rêvé, que les moralistes sont des gens qui, pour tirer la vérité du puits où on dit qu'elle séjourne, n'ont que le seau des Danaïdes ?

Un argument en faveur de la liberté de la presse : non pas cette liberté bête que certaines gens confondent avec l'impunité, j'entends la liberté de la presse soumise aux lois comme toutes les libertés.

Au Groënland, disait un voyageur un peu hâbleur, il fait si froid, que les paroles gèlent en l'air, ce n'est qu'au printemps, au dégel, que l'on entend à la fois tout ce qui s'est passé pendant huit mois; jugez du tintamarre !

Voyons... faisons des vers. Les rimes deux à deux
Entrent avant leur tour et prennent, d'un air crâne,
La droite et le haut bout du papier... Dieu me damne!
Et l'autre ?
       — Qui?
          — Le sens ?
              — Ah ! j'oubliais... le vieux !...
Qu'il se fasse petit et point... séditieux,
Point gênant... que la rime à l'aise se pavane
Comme aux bouts du tambour s'étend double peau d'âne
...Pour être creux et vide, on n'en sonne que mieux ;
Puis... *ore rotundo*... lisons nos hémistiches,
Vers pauvres ruinés par des rimes trop riches...

. . . .

Une très-grosse femme montrait, l'autre jour, de vastes épaules, avec une générosité dont quelques hommes qui ne s'y connaissent pas semblaient reconnaissants ; son corset lui faisait tant de mal, qu'elle se croyait bien faite, et la compression partageait ce dos plein et rembourré en deux parties égales séparées par une ligne enfoncée.

— Voyez donc, madame*** dit une femme, elle est outrageusement décolletée.

—Vous voulez dire déculottée, répondit...A. K.

A Nice, où nous faisons un commerce de soleil assez prospère, on peut comparer l'arrivée des étrangers à un passage de cailles, à une grêle d'alouettes rôties, à une pluie de manne, etc., à tout ce que vous voudrez d'attendu. On écrit ici le mot étranger avec un É majuscule : Étranger, et on prononce cet É avec une aspiration au moins égale à celle de *héros*. C'est moi qui, cette année, à *l'ouverture*, ai montré par les rues le premier Étranger; un vieux camarade était venu passer quinze jours avec moi et s'étonnait des regards d'admiration qui tombaient sur lui et des regards d'envie qui m'étaient adressés ; je n'ai pas pu le décider à laisser mettre à son chapeau de longs rubans tricolores flottants et un large numéro **1** sur une carte.

VIII

LA GUERRE

Il y a quelques jours, tous les journaux ont conté que, dans la même journée, six personnes s'étaient donné la mort à Paris. Une des six s'étaient pendue dans la prison d'un corps de garde appelée vulgairement « violon ».

C'est un accident qui arrive à peu près six fois par an, et c'est d'autant plus à regretter, que ce ne sont jamais de grands scélérats qui échappent ainsi à la justice ; ce sont, le plus souvent, des hommes ivres, ou de pauvres diables arrêtés pour une première faute légère et qui se désespèrent d'être mis en prison.

Il y a un peu plus de vingt ans que j'ai proposé pour la première fois de prendre un moyen simple et peu coûteux de rendre ces suicides impossibles. Chaque année, je répète ce moyen dans un journal ou dans un autre. Le moment est venu d'en parler ici. Au lieu de séparer le violon du corps de garde par un mur, séparez-l'en seulement par une grille. Les prisonniers ne cesseront pas ainsi d'être sous les yeux des soldats. Depuis vingt ans, à six par an, cela fait cent vingts personnes qui sont mortes, et qui vivraient si l'on avait appliqué ce procédé aux violons.

Peut-être faudrait-il abolir la peine de mort aussi pour les innocents.

L'avocat de Philippe, cet homme qui assassinait (je parle de Philippe, bien entendu) les prêtresses de la Vénus du ruisseau, pour leur reprendre le prix de leurs faveurs, a trouvé un nouvel argument en faveur des assassins ; il était temps ! les autres montraient la corde.

C'est l'absinthe, dit-il, qui est seule coupable ; prenez-vous-en à l'absinthe, guillotinez l'absinche, et « respectez la vie humaine ». Notez que ce n'est pas à son client, mais aux jurés que ce discours s'adressait ; on avait fait citer comme témoins à décharge des gens qui sont venus affirmer que Philippe « buvait de l'absinthe ». Cet argument est désormais acquis aux causes des cours d'assises. Aussi, quelques jours après, un homme se constituait prisonnier en disant qu'il venait de scier le cou de sa maîtresse, mais que c'était sous l'empire de l'absinthe.

A propos de cette liqueur atténuante, il n'y a pas à citer que des crimes, elle fait faire également des bêtises.

Il y a des gens qui ne se trouvent jamais assez gouvernés, jamais assez fermement tenus en lisière, et qui n'oseraient faire un pas sans regarder derrière eux si le gouvernement est là pour les protéger. Le gouvernement est leur *bonne*. Ils exigeraient bientôt que le gouvernement les menât... Ils me feraient dire des sottises.

Une pétition a été présentée récemment « au

gouvernement ». Cette pétition, couverte d'un assez grand nombre de signatures, a pour but d'obtenir dudit gouvernement « la défense de boire de l'absinthe ». Cette liqueur, qui trouble la raison, est appelée à justifier ceux qui coupent le cou aux femmes. Absinthe vient d'*abyssus*, abîme ou enfer liquide.

Si le gouvernement entre dans cette voie, il se prépare de la besogne, car il faudra qu'il défende de manger trop de haricots, qui peuvent causer des indigestions, et qu'il édicte une loi qui enjoigne aux Français de se modérer sur l'usage des pruneaux, dont on connaît les inconvénients en voyage. — Gouvernement, défendez-nous sous les peines les plus sévères de nous couper les doigts avec nos couteaux! Gouvernement, défendez-nous de donner notre argent et parfois celui des autres à la Vénus tatouée des rues!

La guerre de Prusse me rappelle un anecdote que j'ai lue je ne sais où.

Le roi de Prusse, Frédéric le Grand, avait résolu de faire la guerre au Hanovre ; un de ceux auxquels il avait donné la permission de lui parler librement lui demanda pourquoi il avait assemblé ses troupes au lieu de demander préalablement satisfaction au Hanovre.

Le roi répondit qu'il avait envoyé trois fois son ministre Reichtembach (je crois), pour en jaser avec M. ***, premier ministre du Hanovre (ce n'est pas un mystère que je fais, c'est la mémoire qui me manque), et que non-seulement Reichtembach (?) n'avait pas été écouté, mais qu'il avait, au contraire, été fort rabroué.

Ce n'est que plus tard qu'il sut que Reichtembach (?) pour aller chez M.***, s'était fait faire un splendide habit bleu-barbeau, et que M.*** avait, contre la couleur bleue une aversion insurmontable, comme la reine Marie de Médicis contre les roses, comme la princesse de Lamballe contre les violettes.

. . . .

Chaque fois qu'une nouvelle guerre se présente, on espère que ce sera la dernière; en effet, sauf les guerres pour la liberté, — où un peuple entier devrait marcher, — la guerre devient par trop bête! la mécanique tous les jours prend l'avantage sur l'homme, tous les jours on s'entre-tue de plus loin, tous les jours la vigueur, le courage comptent pour moins dans les victoires, dont le grand Frédéric, qui s'y connaissait, attribuait une si grande part au hasard. « Demain, nous saurons ce qu'aura décidé Sa sacrée Majesté le Hasard » et dont Turenne, de qui c'était la profession, disait : « Le bon Dieu se déclare, en général, pour les plus gros escadrons. »

On s'entre-tue aujourd'hui à une distance où l'on ne peut distinguer les traits de son ennemi, — où les effluves magnétiques du regard des héros et la vigueur de leur bras ne comptent plus pour rien ; c'est une opération mécanique où les chauffeurs et les ajusteurs sont très-exposés. Vous comprenez que les esprits sont fort tendus vers l'artillerie à vapeur. Nous avions déjà la mort accélérée, mais la mort à la vapeur nous manque encore ; ça va se trouver, ça se trouve peut-être au moment où je trace ces lignes.

De plus, en même temps que les procédés de destruction se perfectionnent, les mœurs s'adoucissent, me disait hier un ami ; le soldat ne peut plus que tuer et être tué, et le général d'armée qui permettrait aujourd'hui à ses soldats ce qu'on leur permettait autrefois, le *sac* d'une ville, c'est-à-dire « la curée », c'est-à-dire le pillage, l'incendie et le viol, serait déshonoré. Où est le plaisir alors pour les pauvres soldats, qui bientôt s'apercevront qu'ils ont toujours plus à se plaindre du prince pour lequel ils se battent que du prince et surtout du peuple contre lequel ils se battent ? Et nous verrons, à quelque jour, deux armées imiter l'exemple, trop peu suivi depuis, que donnèrent deux armées romaines. « Les deux armées en présence, dit Tacite (celle d'Othon et celle de Vitellius), soit par crainte de la guerre, soit par dégoût de ces deux empereurs, dont les crimes et la honte devenaient plus manifestes chaque jour, résolurent de ne pas se battre et déposèrent les armes (Hist., liv. II). « Peut-être verrons-nous un jour les rois se battre personnellement entre eux ; ce sera le tour des peuples de regarder et de passer sous les arcs de triomphe.

Ces duels de rois pourraient se pratiquer au moyen du télégraphe électrique chargé d'une électricité plus puissante. Ils pourraient se battre de leur cabinet, et cela aurait un air de foudre qui ne pourrait que les flatter.

De fusil en aiguille, je me rappelle un mien cousin, mort il y a quelques années, et qui avait, outre une remarquable intelligence et une grande énergie, reçu de la nature un génie extraordinaire pour la mécanique. Certaines

convenances l'avaient amené à se faire médecin :
il était fils du baron Heurteloup, qui avait été
chirurgien en chef de l'armée d'Italie du temps
du premier Empire. Il était donc médecin, et
médecin distingué; mais il avait tout de suite penché vers la chirurgie et vers la partie mécanique. Arrivant après Civiale, il avait singulièrement perfectionné les instruments pour
broyer la pierre dans la vessie, en avait inventé
de nouveaux, et avait pratiqué des opérations
restées célèbres qui lui avaient permis de refaire
rapidement un belle fortune gaspillée dans sa
première jeunesse.

Mais, tout en inventant et perfectionnant
des instruments pour la guérison de l'espèce
humaine, il se permettait, pour se délasser, et
à ses moments perdus, d'inventer toute sorte
d'engins meurtriers.

J'étais encore au lycée, lorsque le hasard me
fit assister chez lui à de curieuses expériences
sur un certain fusil *koptypteur*, qui avait ceci

de particulier qu'on l'amorçait pour une trentaine de coups à la fois, ce qui augmentait remarquablement la rapidité du tir. Les principaux armuriers de Paris assistaient à cette expérience, et approuvaient hautement ce perfectionnement. Il ne put faire adopter son fusil en France; j'ai ouï dire qu'il l'avait vendu en Russie; mais, ne tenant pas la chose de lui, je n'en suis pas certain.

Longtemps après, c'était en 1848, il vint me trouver un matin. Il avait remarqué que, dans les émeutes et les tristes affaires de mois de juin, les gardes nationaux s'étaient souvent entre-tués par émotion et par maladresse, et avaient reçu plus de blessures des derniers rangs tirant derrière eux, que des adversaires placés en face d'eux.

Il avait alors imaginé et exécuté un fusil qui mettait à jamais la garde nationale à l'abri de ce danger; ce fusil ne s'abaissait pas pour viser et tirer, on le tenait toujours droit, le canon perpendiculaire ; une sorte de clef le montait à un certain angle, et les projectiles, qui étaient des cônes, sortaient et allaient tomber comme des bombes décrivant une parabole — dont le commandement du chef fixait l'étendue et la portée, en ordonnant un, deux ou trois tours de clef.

Il savait que j'avais l'honneur d'être lié avec Eugène Cavaignac, et il venait me prier d'en parler au général ; mais je savais que celui-ci avait bien des fois émis l'espérance de ne jamais voir la garde nationale combattre dans les rues de Paris, et qu'il se serait opposé à tout ce qui paraîtrait régulariser une exception malheureuse. L'affaire en resta donc là.

IX

RÉALISME

Je comprendrais, à la rigueur, les conversations et les discussions entre lettrés sur le classique et le romantique, sur l'idéalisme et le réalisme, etc. On en pourrait même, de temps en temps, jaser à l'Académie. Mais parler de cela au public est une dépense d'encre et de papier blanc qui me semble au moins inutile.

Écrivain, peintre, musicien, vous avez le droit incontestable de mettre sur votre papier, d'étendre sur votre toile, de jeter en l'air tout ce qui vous plait : consultez à ce sujet votre tempérament, votre génie, vos idées particulières ; mais vous n'avez pas le droit d'exiger que tous les écrivains, que tous les peintres, que tous les musiciens contemporains emploient les mêmes procédés et visent au même but que vous. Il n'est nullement nécessaire que toutes les fleurs aient l'odeur de la rose, que tous les instruments de l'orchestre émettent le son du violon, que tous les mets aient la saveur du veau, que toutes les femmes aient les cheveux orange ou capucine. Il faut que Raphaël peigne ce qu'on rêve, Rubens ce qu'on aime et Téniers ce qu'on voit. Il faut que chacun soit ce qu'il est, peigne ce qu'il voit, dise ce qu'il sent, ce qu'il croit, ce qu'il pense. Un filon est épuisé, cherchez-en un autre, mais n'empêchez pas ceux qui espèrent encore trouver quelque pépite oubliée là où vous renoncez à en chercher. Et vous qui vous opiniâtrez à fouiller la même mine, ne traitez pas de scélérats et d'ennemis de l'État ceux qui vont chercher ailleurs. Il n'est pas plus criminel aux romantiques d'imiter Shakspeare, Gœthe et Schiller, qu'aux classiques d'imiter Corneille, Racine, Molière, lesquels ont imité les Espagnols, les Grecs est les Latins, et en avaient le

7.

droit, quoique le mieux soit encore peut-être de n'imiter personne, si on en a le moyen.

Le défaut des discussions, sur ce sujet et sur bien d'autres, est que chacun se fortifie dans son opinion attaquée et fait arme de tout pour la défendre, que des deux côtés on pousse les théories à l'excès et à l'absurde, et que, en littérature comme en politique, il finit par n'y avoir que des ultrà des deux côtés, des ultrà rouges comme des ultrà blancs, des ultrà lakistes comme des ultrà réalistes ; en un mot, la guerre perpétuelle des perruques contre les tignasses.

Pour ce qui est du public, ces discussions ne l'intéressent qu'à un certain titre : c'est que des hommes de talent finissent par s'injurier, par se rapetisser réciproquement et eux-mêmes, et le dispensent de respecter des hommes dont il a bien assez d'admirer les ouvrages.

Les Français ont été doués admirablement par les fées. Une Carabosse quelconque leur a refusé un seul don ; mais ce seul don nuit singulièrement à leur élévation et à leur bonheur. Le Français ne sait ni admirer ni mépriser.

Ce qu'il y a de plus étrange en ce moment pour les soi-disant réalistes et novateurs, c'est que ce sont leurs adversaires qui font leur fortune; du reste, les exemples n'en sont pas rares, même en politique.

Ainsi, on reproche comme nouveautés dangereuses, on siffle comme hardiesses condamnables des choses qui ne sont ni neuves ni hardies. Il suffit qu'un homme ou ses amis crient d'avance qu'il va y avoir une tentative courageuse de jeter le théâtre ou le roman dans une voie nouvelle; on crie à l'instant même et d'avance, d'une part à l'inconoclastie, et de l'autre au fétichisme. On taille les plumes d'oie et on essaye les plumes de fer.

« Laissez aller! »

Je défie l'auteur ainsi annoncé d'écrire quelque chose d'assez vieux, d'assez rapetissé, d'assez traîné partout, pour que l'attaque et la défense renoncent à épuiser leurs munitions d'avance amassées.

Ainsi, pour deux pièces dont chaque scène a son analogue dans vingt pièces anciennes, on a reproché à M. de Girardin sa fougue révolutionnaire, et on a fini, ses adversaires au moins autant que ses amis à lui, par lui faire croire à lui-même qu'il avait ouvert au théâtre une route nouvelle et montré des horizons inconnus.

M. de Girardin me rappelle un homme qui me disait un jour :

— Que mangez-vous le matin ?

— Je ne mange pas.

— Mauvaise habitude ; si vous vous en corrigez, je vous conseille un déjeuner que j'ai imaginé et dont voici la recette :

» Vous prenez du lait aussi pur que possible, vous le faites bouillir.

» D'autre part, vous avez du café un peu fort; vous versez dans votre lait une quantité de café équivalente à un peu plus du tiers de votre lait;

vous sucrez plus ou moins selon votre goût, puis vous étalez sur du pain rôti du beurre très-frais, et vous avez, quoi qu'on puisse dire, un déjeuner excellent.

M. de Girardin a inventé le café à la crème. Il n'y avait pas là de quoi l'attaquer avec tant de violence et d'opiniâtreté.

Il en est de même des frères de Goncourt, auxquels une critique préventive a voulu faire remporter leur armoire comme aux frères Davenport : « Retranchez le prologue ! » *Henriette Maréchal* a été jouée une trentaine de fois pour le moins sur divers théâtres et sous divers titres, et ne se distingue que par quelques maladresses de plan et une certaine grâce de style un peu maniéré.

Le prologue n'a pour ma part rien qui m'offense, j'en aurais effacé trois ou quatre phrases que le goût, ou du moins mon goût à moi, réprouve.

Mais pourquoi l'intrigue de la pièce ne se

nouerait-elle pas au bal de l'Opéra, comme celle
du *Menteur* de Corneille *aux Tuileries*, ou celle
de sa *Galerie du Palais* dans les *galeries du
palais de justice?* Dans cette dernière, il y a un
dialogue entre un libraire et une lingère qui
pourrait être traité de hors-d'œuvre, autant que
les scènes du bal de l'Opéra de MM. de Goncourt, et que l'on est cependant enchanté d'y
retrouver.

Le public demande des comédies, il se met
devant le miroir, et, s'il s'y voit lui-même, il se
fâche. Madame, avec son chignon au milieu du
dos, sa crinoline et sa robe à queue balayant la
fange du macadam, se place en face de l'objectif et exige que le photographe lui donne un
portrait de la Vénus de Médicis ou de la Diane
Chasseresse.

Des amis maladroits ont fait un double tort
aux auteurs d'*Henriette Maréchal,* en annonçant
des hardiesses qui consistent dans quelques mots
supprimés aujourd'hui et sifflés encore malgré

leur absence, et aussi en parlant d'une protection que le public n'a jamais admise et qui lui a plus d'une fois, de tout temps, fait casser à Paris des jugements portés à Versailles.

Qu'est-ce que le réalisme ? Est-ce le vrai ? Mais quelle est la poétique qui défend d'être vrai ? Est-ce la réalité exacte, la photographie, en un mot ? Soyez des photographes, si vous ne pouvez pas être des peintres, mais ne vous en vantez pas.

L'art, selon moi, du moins, est ou doit être « le choix dans le vrai ».

Vous voulez peindre l'avare, c'est-à-dire l'avarice, vous pouvez et vous devez réunir tous les traits possibles qui caractérisent cette triste position ; ne voulez-vous peindre qu'un avare, libre à vous ; c'est alors un tableau de chevalet ; cependant, vous devez montrer votre héros par les côtés où il se montre avare.

Un avare entre chez un cordonnier pour acheter des souliers ; s'il ne marchande pas jusqu'à l'excès, s'il n'a pas recours à la flatterie, à la menace, aux promesses, pour obtenir la chaussure à meilleur marché, s'il ne gémit pas sur la mauvaise qualité du cuir d'aujourd'hui et sur le pavé qui le mange, cela ne regarde pas le spectateur que vous avez convié à voir un avare ; ne le conduisez pas chez le cordonnier.

Je vois quelquefois annoncer sur des cadres : *Photographie sans retouche.* — Est-ce cela que vous appelez le réalisme ? Pourquoi ne pas retoucher ? Boileau a dit :

Un sonnet sans défaut vaut seul un long poëme.

Ce n'est qu'une exagération à laquelle on peut répondre : « Il vaut beaucoup mieux, étant de beaucoup plus court. »

Mais, si Boileau avait dit :

Un sonnet sans rature et sans corrections,
Sans retouches...

Boileau aurait dit une sottise, aussi il ne l'a

pas dit. Le réalisme consiste-t-il à tirer un coup de pistolet pour dénoûment, comme toutes les pièces annonçant cette prétention paraissent devoir faire? Le réalisme a-t-il donc inventé la poudre comme le café à la crème? En ce cas, vos pièces sont bien maigres auprès des mimodrames du Cirque-Olympique.

Consiste-il dans l'exhibition des jambes et demies de beautés raccolées sur les trottoirs? Êtes-vous sûrs qu'elles soient sans retouche?

Revenons au public.

Amusez-le, intéressez-le, provoquez son rire, ses larmes, sa terreur, sa curiosité, sa lubricité même, comme vous voudrez, comme vous pourrez; peu lui importent les moyens, les théories, les procédés, les poétiques.

Seulement, il faut vous attendre à ceci quand vous travaillez pour le théâtre : c'est que, de même que le succès y est plus brillant, disent les uns (moi, je dis plus bruyant), de même qu'il est dû souvent à des causes extra-littéraires, la chute peut être aussi injuste que le succès, et vous n'avez pas le droit de vous en plaindre. Il vous plaît de vous adresser au public réuni, au public en masse, acceptez les inconvénients comme les avantages qu'il vous présente. Si cela ne vous convient pas, adressez-vous à des lecteurs isolés, coupez la hart du fagot, divisez les javelines, séparez vos adversaires comme fait le dernier des Horaces, les drames ont leur destin : *habent sua fata*; la perruque de Sylla-Talma a fait réussir la pièce de M. de Jouy; la perruque de Vautrin-Frédéric a perdu la pièce de Balzac.

J'ai gardé de MM. de Goncourt, que j'ai connus en 1852, un très-bon souvenir; c'est à ce titre que je leur adresse une brève observation.

Ils disent dans leur préface :

« Nous protégés ! nous qui sommes les deux seuls écrivains qui aient été, en 1852, assis entre des gendarmes sur les bancs de la police correctionnelle! »

Je ne tiens pas personnellement à grand honneur d'être plus ou moins repris de justice ; cependant, je dirai à MM. de Goncourt : J'étais le même jour que vous sur le même banc, entre les mêmes gendarmes ; si vous supprimez cette circonstance pour augmenter la lumière à jeter sur votre martyre, c'est de l'art, mais ce n'est pas de l'art réaliste ; — si c'est que vous ne me comptez pas parmi les écrivains, ce serait par trop réaliste.

N.-B. — J'ai été acquitté.

Il est un nouveau mode de publicité qui tend à se propager et qui n'est pas sans inconvénient ; la vie humaine et surtout la vie sociale renferme assez de soucis pour qu'on ait le droit de savoir mauvais gré aux gens qui viennent y en ajouter un, quelque petit qu'il soit ; il peut arriver que la somme des chagrins soit précisément en équilibre avec l'amour instinctif de l'existence, et que le moindre poids, ajouté au plateau des chagrins, rompe cet équilibre et suffise pour faire maudire la vie.

Je m'en rappelle un exemple curieux.

B., un peintre de quelque talent (tu l'as rencontré quelquefois chez nous), mais d'une paresse sans égale, se trouvait dans un de ces moments où la mauvaise fortune semble imiter les assassins qui, d'après les journaux judiciaires, donnent invariablement treize coups de couteau à leurs victimes; sa femme, qui avait quelque fortune l'avait trompé avec un ami à lui, et, sur ses reproches, l'avait mis à la porte et lui avait intenté un procès en séparation qu'elle avait gagné. Il est fâcheux que ce genre de procès soit jugé exclusivement par des hommes qui ne voient, dans une femme inconnue, que les cinq minutes de charme incontestable que toute femme possède. Un tribunal mixte, mâle et femelle, présenterait plus de chance d'impartialité.

B. avait provoqué son ami en duel et avait été blessé.

Eh bien, tout le monde admirait la force d'âme avec laquelle il avait supporté cette série de mauvaises chances ; une sorte de gaieté froide même qui lui était particulière n'en avait pas paru atteinte. Le propriétaire de son logement de garçon malgré lui venait de lui signifier congé pour défaut de payement ; son tailleur avait, la veille, replié dans la serge noire un habillement bien nécessaire qu'il avait commandé, mais que le tailleur ne voulait livrer que contre de l'argent.

Et il avait raconté à l'atelier d'un camarade et à la brasserie les deux anecdotes, avec des lazzis qui avaient excité une franche gaieté.

— Quelle homme ! disait-on, quelle philosophie ! quelle sagesse ! quelle gaieté inaltérable ! c'est lui que les misères du monde peuvent frapper sans le faire sourciller ; *impavidum ferient ruinæ!*

Quelle ne fut pas la surprise générale, le lendemain, quand nous apprîmes que B. s'était tué parce qu'il avait manqué le départ du chemin de fer de Saint-Germain !

Il s'était jeté du haut de la tour du pavillon Henri IV en voyant le train partir: la mesure des chagrins qu'il pouvait supporter était pleine; une contrariété la faisait déborder.

Revenons à la spéculation en question.

Il y a quelque temps, je reçois par la poste un petit carton fermé au moyen d'une sorte de boucle en caoutchouc. — Ce carton renfermait quatre petites photographies et une lettre imprimée d'abord. Cette lettre contenait l'éloge des *quatre médaillons représentant, d'après nature, la famille impériale.*

Je regardai les médaillons assez vaguement, n'étant pas à même de juger de la ressemblance; je n'ai jamais vu l'impératrice que tout le monde dit fort belle, non plus que le prince impérial pour ce qui est de l'empereur, je l'ai entrevu une fois à la Chambre des députés avant l'élection à la présidence, et je ne l'ai vu, depuis treize ans que j'ai quitté la France, que sur de peu fréquentes pièces de cinq francs, de plus rares louis qui m'ont passé par les mains, et plus souvent sur les timbres-poste ; je pense, sans pouvoir l'affirmer, qu'il arrivera de son visage ce qui est arrivé de la figure de Napoléon Ier, que l'art du graveur en médailles conduit tout doucement, par des modifications graduées, du profil accentué du premier consul à une figure correcte, idéalisée et mythologique. Mais ce qui me frappa le plus, ce fut de trouver, comme quatrième médaillon de la famille impériale..., l'émir Abd-el-Kader.

— Voilà bien, me dis-je, le résultat de ma vie retirée ; on n'est au courant de rien, et on s'expose à donner raison à ses amis. Abd-el-Kader fait partie aujourd'hui de la famille impériale, et je n'en savais rien. Il me semble que les journaux que je reçois auraient bien pu m'en avertir : comment cela s'est-il fait? par quelle alliance ?

Abel-el-Kader professe, je le sais, une juste reconnaissance pour le prince qui lui a rendu la liberté; et j'avoue que, si j'ai été un peu attristé que cet acte de justice lui eût été laissé à accomplir par la famille d'Orléans que j'aimais sans en avoir jamais reçu ni bien ni mal, *nec injuria nec beneficio noti*, j'ai applaudi à cette résolution qui lavait l'honneur de la France d'une tache faite par le mépris d'une parole donnée à un ennemi.

J'oubliai assez promptement cette énigme, et je continuai la lecture de la lettre qui accompagnait les photographies.

« Si les médaillons, disait le papier, *ne conviennent pas à certaines personnes...* » Ici, je fronçai légèrement le sourcil ; il y avait dans ce petit membre de phrase quelque chose de dédaigneux et de comminatoire.

Je continuai :

« A certaines personnes, elles *devront* les renvoyer *dans le délai de trois jours par la poste*, moyennant un centime pour le port qu'on trouvera ci-contre (en effet, il était annexé et au tiers collé à la lettre un timbre d'un centime). Il faut retourner le carton, le replier, y insérer les quatre médaillons et y mettre une ficelle ou un élastique au lieu de les cacheter. »

— Eh quoi ! me dis-je, il faut que je fasse tout cela, et dans le délai précis de trois jours ?...

» Et sous quelle peine ?

» Sous peine alors d'envelopper quatre-vingts centimes en timbres-poste dans un morceau de papier, sans les coller, de les enfermer dans le même carton que je retournerai, *de mettre au carton un élastique ou une ficelle*, de coller sur le carton le timbre d'un centime déjà un peu collé sur la lettre.

» Et de quel droit ce photographe, me demandai-je, me condamne-t-il à faire cet ouvrage pour lui, quand il y a tant de choses que je ne fais pas pour moi-même ?

Je mis dans un coin les quatre médaillons et la lettre, et il ne tarda pas à s'entasser par-dessus une colline de papiers divers.

Le lendemain, cependant, un hasard ramena la lettre et les médaillons à la surface; je songeai à obéir à la prescription de ce photographe tyrannique. La poste est très-loin de chez moi, je n'ai plus de timbres que pour affranchir mes lettres d'aujourd'hui, je ne possède pas le petit bracelet en caoutchouc pour fermer le carton, je ferai chercher cela demain.

Le lendemain était dimanche ; le seul domestique que j'aie était occupé, les gens du jardin avaient presque tous congé, ceux qui restaient avaient à faire leur besogne et celle des absents.

N.-B. — Il faudra que j'achète un autre timbre d'un centime, car je ne me résigne pas à porter ma langue sur ce timbre déjà léché.

Le lendemain, où cet obstacle n'aurait pas existé, j'avoue que je n'y songeai pas.

Le surlendemain, je reçus une lettre du photographe, et le photographe ne plaisantait pas.

« Nous vous avons envoyé quatre portraits en vous avertissant que, si vous ne vouliez pas les acheter, il fallait nous les renvoyer dans le délai de trois jours : le terme est expiré, nous n'avons rien reçu ; nous attendons le prix des quatre médaillons ; — ce sera avec plaisir que nous enregistrerons votre nom avec tous les autres qui les ont bien accueillis ; — ce serait aussi avec regret que nous *noterions les personnes* qui garderaient les médaillons sans les payer (textuel). »

— Oh ! mon Dieu ! m'écriai-je, que faire ? Le terme fatal est passé en effet, je ne puis plus renvoyer les médaillons ; la condamnation est sans appel, je vais alors en envoyer le prix, — il paraît que je ne puis m'en dispenser. — Quelle gloire de voir mon nom enregistré avec tous les autres ! Quelle honte et quel danger peut-être d'être *noté* parmi les *personnes* qui n'ont pas *accueilli* les portraits, — ou qui les ont gardés sans les payer ! — Hâtons-nous !...

Mais c'est en vain que je remuai tous les papiers qui encombraient ma table, jamais je ne pus retrouver les médaillons ni le fameux carton que j'étais condamné à retourner en y appliquant un timbre et en le fermant avec un élastique ou une ficelle? Que faire? Je ne puis obéir ni à l'une ni à l'autre des injonctions du terrible photographe, et me voilà, *à son grand regret*, il daigne l'affirmer, mais me voilà *noté parmi les personnes*, etc.

— Mon Dieu, ce n'est pas ma faute, c'est une série d'événements imprévus qui m'a jeté dans cette situation.

» Photographe, ayez pitié de moi, ne me notez pas parmi les personnes...

» Ou plutôt notez-moi, ça m'est égal, je trouverai dans mon désespoir la force de supporter cette avanie et de braver le danger, et j'attaquerai de front votre entreprise domestique.

» De quel droit, en effet, allez-vous mêler la préoccupation de vos photographies, de vos ficelles, de vos petits cartons, aux inquiétudes, aux chagrins, aux joies de notre vie ?

» J'ai un billet à payer, mais j'ai aussi un carton à replier pour ce monsieur.

» J'ai perdu un ami qui m'était cher, mais j'ai aussi perdu la ficelle pour attacher le carton.

» Ah ! chère beauté ! comme je vous aime !...

» Mon Dieu, que je n'oublie pas de passer la langue sur le timbre-poste de un centime !

Certes, pour qu'un de ces petits cartons arrive à Nice à un jardinier (il y avait bien sur l'adresse : *A M. Karr, jardinier*), il faut qu'il en ait été envoyé un grand nombre ; voyez-vous d'ici une grande partie du peuple français obligée de passer sa langue là où cet implacable photographe a passé la sienne? Voyez-vous ledit photographe commandant à des milliers d'hommes soi-disant libres :

« Attention ! — garde à vous !

» Dépliez carton, — retournez carton, — léchez timbre, — repliez carton, — attachez ficelle, — collez timbre, — pas accéléré, en avant, marche ! — allez à la poste, — halte ! — prenez carton, — jetez boîte. »

On a fait des révolutions, des tragédies et des opéras pour moins que cela ; refusons tous ! *la Marseillaise !*

X

VESPA PRO DOMO SUA

Vespa pro domo suâ. Les guêpes pour leur ruche. C'est un rêve qu'ont dû faire bien des écrivains que d'avoir des lecteurs choisis, triés, connus, aimés : on rencontre parfois des gens par lesquels on est désespéré d'être lu, des gens qui viennent vous louer précisément et uniquement de ce que vous trouvez détestable dans un de vos ouvrages, ou vous confondent avec quelqu'autre :

— Ah ! monsieur, combien vous m'avez donc fait rire avec *Polichinelle avalé par la baleine*.

— Pardon, monsieur, je n'ai pas souvenir d'avoir rien écrit sous ce titre.

— Ah ! ce n'est pas vous ? Eh bien, c'est très-farce tout de même ; mais je me trompais, ça me revient à présent, vous ne m'avez pas fait rire du tout ; vous m'avez, au contraire, fait pleurer avec votre... Comment ça s'appelle-t-il donc, je l'ai sur le bout de la langue, est-ce *la Veuve au sépulcre* ?... enfin quelque chose de triste.

Madame de Girardin raconte, dans un de ses *Courriers de Paris*, qu'un provincial qui lui avait été présenté lui rendait compte de ce qu'il avait remarqué de beau dans « la capitale ». Un jour, il lui dit :

— « Enfin, j'ai tout vu, je suis allé hier à l'Académie; j'ai vu tous les immortels, moins un qui vient de mourir et deux qui sont malades. Mais, en dehors et au-dessous, il est deux écrivains que je regrette de ne pas avoir rencontrés. Ne viennent-ils pas chez vous ?

» — Lesquels ?

» — M. Paul de Karr et Alphonse Kock.

En sens inverse, on regrette vivement de ne pas être lu habituellement par des gens sympathiques, d'un grand talent et d'un caractère élevé.

Il y a quelques mois, j'avais acquis la preuve que M. Nogent Saint-Laurens ne me lisait pas.

J'avais constaté que, à la Chambre des représentants, dans la discussion sur la peine de mort, il s'était servi des mêmes arguments, exprimé dans les mêmes termes que j'avais employés dans une brochure récemment publiée.

Et j'en tirai tout naturellement cette conséquence :

« C'est une rencontre singulière, car, si

M. Nogent Saint-Laurens m'avait lu, il m'aurait cité. » Et je regrettai avec une amertume proportionnelle de ne pas être lu par un homme qui se trouvait avec moi dans une telle conformité d'opinions.

Il y a quelques jours, à la même Chambre des députés, il s'agissait de la propriété intellectuelle. Le même M. Nogent Saint-Laurens cita une petite phrase que j'ai fait imprimer, il y a quelques vingt-cinq ans, et dit : « Je me range à l'avis d'un auguste écrivain : *La propriété littéraire est une propriété.* »

— Ah! c'est trop! m'écriai-je, je ne puis pas accepter *auguste écrivain*; je suis enchanté de voir enfin que M. Nogent Saint-Laurens, m'a lu. J'avoue que je m'attendais à quelques compliments, que je désirais un éloge; mais trop est trop, je lui sais gré de n'avoir pas employé le cliché : *spirituel auteur des* GUÊPES, mais enfin au-dessous d'*auguste écrivain*, il y a une foule d'épithètes dont je me serais contenté : *un homme dont le bon sens,* etc., *un jardinier qui joint au bon sens,* etc.; — mais... *auguste !*

Ce n'est pas cependant que ce nom d'*auguste* ait été toujours très-bien porté : on l'a donné à Néron, à Domitien, à Héliogabale et à bien d'autres.

Mais enfin, le public est accoutumé à attacher à cette épithète d'*auguste* un certain sens.

Non, je ne puis accepter « auguste écrivain ».

Cependant, la vanité est si adroite et plaide si bien, que j'aurais peut-être fini par m'y accoutumer et en prendre mon parti; mais, tout en faisant ces réflexions, je continuais la lecture et je ne tardai pas à m'apercevoir que M. Nogent Saint-Laurens attribuait à l'empereur actuel des Français ma pauvre petite phrase.

Décidément, M. Nogent Saint-Laurens ne veut pas me lire, et, au fait, pourquoi me lirait-il ? Puisqu'il trouve lui-même tout ce que j'ai dit et n'a pas besoin de moi.

Maintenant, à M. Barbey d'Aurevilly.

Vous avez récemment fait l'honneur aux *Guêpes* de faire mention d'elles, et vous avez donné cette brochure publiée pendant quinze ans, comme le résultat d'un travail collectif; vous m'avez flatté par des allusions à je ne sais quelles collaborations féminines.

Je n'ai pas été si heureux, monsieur.

Je n'ai eu aux *Guêpes* aucuns collaborateurs. *Les Guêpes*, sauf les premiers volumes, ont été écrites loin de Paris, quelquefois à huit cents lieues, presque toujours à soixante.

Et les quelques femmes de grand esprit, auxquelles vous avez probablement pensé, qui m'honoraient d'une longue amitié, et que je voyais le plus possible à mes rares voyages à Paris, avaient elles-mêmes *leurs guêpes* à faire, et on voyait bien, en les lisant, qu'elles n'avaient rien donné à personne de leur esprit et de leur finesse.

XI

LA MODE

La mode des cheveux roux ou jaunes n'est pas une invention nouvelle ; sous le Directoire ou le Consulat, avant ou après la fameuse coiffure à la *Titus*, cheveux courts comme ceux des hommes, les femmes portèrent des perruques blondes. Un frère de ma mère, que tu as vu à la maison dans notre enfance, plus jeune qu'elle de quinze ou seize ans, m'a souvent raconté devant elle, en lui en faisant des reproches plaisants, qu'elle et une tante encore jeune avaient mis en coupe réglée la chevelure blonde de sa tête adolescente, et qu'on employait tantôt les menaces, tantôt les bonbons pour obtenir qu'il se laissât tondre. Or, ma mère avait les cheveux fort bruns, et la tante les avait noirs.

C'est l'école romantique de 1830 qui a ramené un peu lentement, mais a ramené cependant, la mode des cheveux jaunes et des cheveux orange. Gérard de Nerval et Théophile Gautier remirent en honneur la femme charnue et blonde ou rousse, la femme Rubens ; et il existe de Louis Boulanger, un charmant esprit et un peintre très-distingué, un tableau où les soixante personnages qui composent les *Noces de Gamache* ont tous les cheveux roux. Cela étonne un peu d'abord, à cause du préjugé qui veut que les Espagnols, et les Espagnoles surtout, aient des chevelures du noir à reflets bleus de l'aile du corbeau. Cependant, les cheveux roux, pour ne pas être la règle, comme semblait le dire Louis Boulanger, ne sont pas, en Espagne, une aussi rare exception qu'on pourrait le supposer.

Gérard fut non-seulement l'apôtre, mais aussi le martyr des cheveux roux, et l'amour que lui inspira une chanteuse à la chevelure rutilante eut sur sa vie une influence qui en décida presque toutes les tendances et les principaux événements.

Une rousse vraiment très-belle, c'était la femme de Pradier, ce charmant sculpteur, descendant de Praxitèle, dont le temps avait légèrement altéré le nom avant de le lui transmettre. On a prétendu qu'elle était le modèle de ses plus ravissantes statues.

Si le culte, ou mieux la mode des cheveux roux, a été longue à s'établir en France, c'est que cette mode a trouvé installé, dès la plus haute antiquité, un préjugé contraire. Ce préjugé se retrouve chez les Romains, et un satirique met les cheveux rouges au nombre des signes qui doivent avertir de la méchanceté homme : *Crine ruber.*

Si vous voulez remonter à l'origine de cette antipathie contre les cheveux roux, vous la trouverez chez les Égyptiens.

Typhon, le mauvais principe, était roux. Il y avait des fêtes où on poursuivait, selon Plutarque, et on outrageait les hommes roux qui avaient l'imprudence de le laisser voir. Typhon vaincu s'enfuit du combat monté sur un âne roux, et on lui sacrifiait des ânes de cette couleur ; d'où cette locution qui est venue jusqu'à nous : « Méchant comme un âne rouge ; » tandis qu'à Priape on immolait un âne gris en expiation du tort que celui de Silène avait fait au dieu en réveillant, par sa voix terrible, une nymphe que Priape allait surprendre endormie.

Il y eut aussi à Rome la mode des cheveux roux ou jaunes, et on tirait de la Germanie des chevelures, achetées à prix d'or par les dames romaines. Sénèque parle des chevelures rouges des Germains. « On ne remarque pas, dit-il, les cheveux rouges chez les Germains. » (*Non insignitus rufus crinis apud Germanos.*) « Les hommes, dit-il ailleurs (*Traité de la colère*), les plus portés à la fureur sont ceux qui ont les cheveux jaunes ou rouges. » (*Iracundissimi sunt flavi aut rubentes.*) Et Catulle : « J'ai peur de voir se roncer des sourcils rouges, (*rubra supercilia*). »

Notre Brantôme, parlant de la victoire des Suisses à Novare, dit : « Ils en vinrent si insolents et si *rouges* ; » mais ici rouges veut dire fiers.

Suétone raconte une bonne histoire de perruques rousses. C'était au moment où Caligula arrivait au dernier point de sa folie furieuse.

« Non content de donner à son cheval *Incitatus* une écurie de marbre, une auge d'ivoire, des couvertures de pourpre et des colliers de perles, des esclaves et une maison complète, il allait le nommer consul.

» Pour lui, quelquefois, il se montrait en public avec une barbe d'or et un foudre à la main ; d'autres fois, il s'habillait comme Vénus, ou d'autres fois, il revêtait la cuirasse d'Alexandre, qu'il avait, dit-on, fait tirer du tombeau de ce roi.

» Il avait le corps couvert de poils, sauf sur la tête, où les cheveux manquaient presque entièrement. Aussi avait-il édicté la peine de mort pour toute personne qui le regarderait d'en haut quand il passerait. Le mot *chèvre*, considéré comme allusion criminelle, disparut de la langue latine pendant tout le temps de son règne. »

Il lui prit un jour fantaisie de triompher ; et c'est là que nous allons voir l'histoire des perruques, ou plutôt des cheveux teints dont je vous ai parlé. Il entreprit une expédition de Germanie, et se mit en route avec son armée par des chemins que les habitants des villes voisines avaient soin de balayer et d'arroser par crainte de la poussière.

Mais, au bout de quelques jours, rencontrant peu d'ennemis, et peu soucieux de se fatiguer à aller plus loin, il avisa qu'il y avait dans sa garde une douzaine de Germains ; il les envoya se cacher sur l'autre rive du Rhin, et, par son ordre, vers la fin de son dîner, on vint lui annoncer en grand trouble que l'ennemi paraissait.

Aussitôt, avec la cavalerie prétorienne et ses amis, il s'élance dans la forêt voisine, attaque les Germains, les défait, et rentre dans son camp en triomphe à la lueur des torches. Puis il écrivit aux sénateurs et au peuple romain pour leur reprocher de ne s'occuper que de festins et des jeux de théâtre, « pendant que César combattait et s'exposait aux plus grands dangers. »

Il s'agissait de rentrer à Rome et de s'y décerner un triomphe splendide. Or, on manquait de Germains, et la guerre avait d'avance été déclarée germanique. Il choisit un grand nombre de barbares et de Gaulois de haute taille. Il les contraignit de laisser croître leur chevelure et la leur fit teindre de la couleur rousse particulière aux Germains; puis on leur enseigna quelques mots de la langue germaine qu'ils devaient prononcer en suivant le char du triomphateur.

Une ou deux perruques blondes faisaient

partie de l'arsenal féminin sous les Césars. Pétrone dit dans le *Satyricon* : « Une des femmes de Triphène ajusta à la tête de Giton une chevelure postiche et une paire de sourcils *supercilia profert de pyxide*); pour moi (Encolpe), elle me mit sur ma tête une perruque qui m'embellissait d'autant plus qu'elle était blonde (*quia flavicomum corymbion erat*).

Messaline, la femme de Claude, successeur de Caligula, cachait, dit Juvénal, ses cheveux noirs sous une perruque jaune,

... Nigrum flavo crinem abscondente galero,

lorsqu'elle allait, la nuit, courir des aventures que je ne puis rappeler ici.

Et il se présente une opinion qui serait peu à l'avantage des chevelures teintes et des perruques, fausses nattes, faux bandeaux et chignons roux.

Boileau, à propos de ce vers de Juvénal, prétend que ce n'était pas de leur plein gré, mais par suite d'une ordonnance de police que les courtisanes portaient des perruques jaunes. Il s'appuie sur l'opinion d'un certain nombre de commentateurs qui ne vont pas aussi loin que lui, et ne donnent les cheveux et les perruques de couleur rousse que comme une habitude des courtisanes, avec lesquelles Messaline voulait être confondue, tandis que, au contraire, les matrones romaines étaient fières de leur noire chevelure.

Ne sont-ce pas, de ce temps-ci, les courtisanes qui ont commencé à se faire teindre les cheveux de rouge ? Seulement, quelques-unes de nos *matrones*, au lieu de se trouver heureuses de cette distinction, comme les matrones romaines, se sont empressées de les imiter. Un vieux scoliaste prête à Virgile l'intention d'une allusion à cet usage, à cette règle ou à cette mode des courtisanes, lorsqu'il dit à propos de Didon : « Proserpine ne lui avait pas encore enlevé ce cheveu blond, etc. » — « C'est, dit le savant, à cause de sa faiblesse pour Énée que le poëte la fait blonde. » Le vieux scoliaste me paraît errer.

Pourquoi, dit Properce à Cynthie, teindre tes cheveux d'une couleur étrangère ? Maudite soit la sotte jeune fille qui imagina la première le mensonge d'une chevelure teinte ! »

... Fiant mala multa puellæ
Quæ mentita suas vertit inepta comas.

Et Tibulle :

« On teint sa chevelure (*coma tunc mutatur*). »

Les herbes de la Germanie, dit Ovide dans *l'Art d'aimer*, donnent aux cheveux une couleur que certaines femmes préfèrent à leur couleur naturelle

... Melior vero quæritur arte color.

Mais ce même Ovide, dans une de ses élégies, dit à Corinne : « Je te l'ai assez répété, cesse de *droguer* tes cheveux.

Medicare tuos desiste capillos.

Tu ne m'as pas écouté, et, maintenant, tes cheveux sont partis et tu n'as plus rien à teindre. — Et pourtant, ajoute-t-il plus loin, tes cheveux n'étaient pas noirs ; mais ils n'étaient pas jaunes ; aujourd'hui, ils sont morts, empoisonnés par toi-même :

Ipsa dabas capiti mixta venena tuo.

Maintenant, fais venir des cheveux pris à la guerre et coupés sur des têtes germaines, ce sera pour toi une manière de triompher d'une nation vaincue.

Nunc tibi captivos mittet Germania crines.

Mais, lorsqu'on admirera ces cheveux nouveaux, ne rougiras-tu pas en songeant que c'est à quelque Sicambre inconnue que reviennent ces éloges? »

Martial envoie à Lesbie une perruque jaune achetée dans le Nord. « C'est, dit-il, afin que tu voies combien tes cheveux sont plus beaux. »

La chevelure de Bérénice était rousse ou blonde (*flavi verticis exuviæ*).

Martial, d'après la traduction de M. Nisard, semblait penser que les Teutons ne tenaient pas uniquement de la nature la couleur rouge de leurs cheveux, et il envoie à une femme le *savon* dont la mousse rougit les cheveux. C'est, sans aucun doute, une invention de quelque *Rimmel* de ce temps-là ; mais je suis d'avis de traduire autrement que M. Nisard le distique de Martial.

SAPO

Caustica Teutonicos accendit spuma capillos
Captivi poteris cultior esse comis.

« Son écume corrosive rougit la chevelure des Teutons, » dit M. Nisard. — Je propose d'abord de changer *corrosive* en caustique, qui est plus littéral et plus sensé : offrez donc une eau *corrosive* à la quatrième page des journaux pour « teindre les cheveux en toutes nuances ! » Puis je traduirais :

LE SAVON

« Son écume caustique allumera sur votre tête des cheveux teutons, et vous ne le céderez plus, sous ce rapport, aux vaincues captives. »

Il y avait aussi des *pastilles* ou *boules de Mattiacum*, *Mattiacœ pillœ*, qui servaient au même usage, et le même Martial en adresse à une autre femme avec ces propos peu galants :

« — Si tu veux, tête blanche, changer tes vieux cheveux, reçois ces boules de Mattiacum; mais j'oublie que tu es chauve. »

Si quelque habile parfumeur juge à propos d'exploiter les *boules de Mattiacum* et le *savon de Martial*, je l'avertis que je compte avoir ma part de la fortune que ne peut manquer de lui donner cette idée, qui est mienne.

Voici maintenant mon véritable sentiment sur les cheveux rouges : une belle femme rousse est fort belle, et plus belle avec ses cheveux roux que si elle avait des cheveux bruns, noirs ou blonds.

Mais, de même, une belle brune est aussi fort belle, et plus belle avec ses cheveux bruns ou noirs, que si elle avait les cheveux blonds ou rouges.

C'est qu'il est des harmonies dans la beauté comme dans la musique.

Sauf quelques monstres faits au hasard avec les *restes* de la création, et dont la prétendue beauté est une sorte d'*arlequin*, une belle femme ne peut changer un de ses cheveux, un de ses cils, sans nuire à cette harmonie et diminuer sa beauté.

Les connaisseurs délicats reconnaissent une grammaire et une orthographe de la beauté, et, si je savais peindre, je prétends que je ferais le portrait en pied exact et complet d'une femme dont j'aurais vu seulement un fragment.

Il est un charme non plastique, qui ne peut se prouver, mais qui s'éprouve invinciblement :

ce grand charme qu'exerce une femme, c'est d'être *autre*. Il y a un moment où Vénus elle-même, faute de pouvoir être *autre*, risque de voir Adonis infidèle pour une laideron qui n'aura que cet avantage. C'est ce charme qui a amené le triomphe des rousses dans un pays où ces cheveux sont rares.

Puis, une fois la mode déclarée, on a fait semblant d'admirer toutes les nuances de roux, tandis que les fauves et les dorées ont seules une véritable beauté; on a confondu dans la même admiration toutes les chevelures de nuances carotte, orange et capucine, qui ont eu la fortune de naître à cette époque où un règne éphémère leur était permis.

Mademoiselle de Fontanges, qui, à l'âge de seize ou dix-sept ans, inspira un si vif caprice à Louis XIV et mourut tristement oubliée à vingt ans, a laissé son nom à une coiffure de rubans qu'elle avait inventée pour cacher en partie ses cheveux, qui étaient roux, couleur qui alors n'était pas à la mode et qui était l'objet de la seule critique qu'on pût faire de sa parfaite beauté.

Madame Dunoyer, qui, sous le nom de « Quintessence », publiait en Hollande tous les *cancans* de la cour de France, raconte que mademoiselle de Fontanges poudrait légèrement ses cheveux pour en dissimuler la couleur.

Il y a deux ou trois ans, il y avait à Nice, pendant l'hiver, une jeune fille assez agréable, mais qui, grâce à ses cheveux orange, avait été déclarée la beauté de la saison, et n'avait pas cru devoir protester contre cet arrêt. Beaucoup d'hommes, suffisamment avertis que les cheveux rouges étaient à la mode, admiraient de bonne foi ; — c'est de bonne foi aussi que certaines femmes enviaient la toison capucine de l'étrangère; — mais un certain nombre de belles brunes, se croyant vaincues, faisaient tristement et hypocritement remarquer aux hommes cette charmante mademoiselle***, espérant en vain rencontrer quelqu'un qui leur dirait : « Mais vous n'avez pas le sens commun, elle n'a qu'une beauté très-ordinaire, et ses cheveux sont hideux.

Une, plus heureuse, s'adressa à moi, et obtint la réponse désirée ; elle crut devoir faire une objection timide :

— Elle fait beaucoup d'effet dans un salon.

— C'est vrai, dis-je, parce qu'elle est seule ; si j'étais né sultan et appelé à me composer un harem, chose triste, certes, j'aurais...

— Pardon, me dit une lectrice en m'interrompant, pourquoi dites-vous que c'eût été pour vous une chose triste que de vous composer un harem ? Je comprends qu'il soit triste pour une femme d'entrer dans cette cage ; mais, pour l'homme qui la possède...

— C'est, madame, que j'aime mieux chasser dans les forêts que de prendre et d'égorger de temps en temps un poulet dans un poulailler. C'est que je préfère les hasards de la pêche à la mer à la certitude dans un bocal plein de poissons rouges.

Je disais donc que, si j'avais dû me composer un harem, j'y aurais donné place à une rousse, mais pas à deux ; et c'est de ce principe que je partis pour consoler plutôt que pour convaincre la belle brune, qui avait provoqué mon admiration sur la beauté écarlate de sa rivale victorieuse.

— Venez demain à la promenade, lui dis-je, à l'heure de la musique, notre belle rousse y sera.

Le lendemain, en effet, je pris place à côté d'elle, et nous assistâmes au défilé des toilettes. Un murmure d'admiration annonça l'arrivée de la belle aux cheveux d'or ; mais elle donnait le bras à une sœur cadette qui n'allait pas encore dans le monde et dont les cheveux étaient de même capucine ; derrière elles marchaient deux sœurs de l'âge de dix à douze ans, également orange, et, derrière ces deux petites filles, une nourrice portait un baby dont une soie écarlate couvrait déjà la tête.

Cette réunion était fort laide.

Il y a *un* cheveu rouge célèbre, dont ont parlé les poëtes de l'antiquité.

« Minos, dit Ovide, assiége la ville d'Alcathoüs, dont le roi Nisus est le maître. Nisus n'a qu'un cheveu rouge ; mais de quel éclat brille ce cheveu de la plus belle pourpre, au milieu de la chevelure blanche du vénérable vieillard ! »

A ce cheveu étaient attachés les destins de son empire.

L'histoire est pleine de ces grandes fortunes qui ne tiennent qu'à un cheveu.

Scylla, fille de Nisus, s'éprend de Minos : elle arrache à Nisus endormi son cheveu de pourpre, et elle le porte à Minos. Minos, indigné, ne veut pas profiter du crime de Scylla, il accorde la paix aux vaincus et s'embarque avec son armée. Scylla, sur le bord, lui dit cent vers d'injures : elle lui reproche d'être le fils d'une génisse et d'avoir, par sa femme Pasiphaë, été trompé pour un taureau ; elle se jette à l'eau, rejoint à la nage le vaisseau de Minos et s'y cramponne; mais, à la vue de son père, qui, changé en aigle, se balançait dans les airs avide de vengeance, elle veut fuir, et est changée également en un oiseau, appelé Ciris (*coupeur*), en souvenir de son crime. Cet oiseau, selon les uns, est l'alouette; selon les autres, une sorte de héron appelé aigrette.

Si les cheveux teints et les cheveux rouges ne sont pas une invention nouvelle, on en peut dire autant des chiens teints en rose ou en bleu. J'ajouterai que j'ai vu, de mes yeux vu, l'année dernière, un cheval gris dont la crinière et la queue étaient teintes d'un rose vif. Mes camarades du collége Bourbon, Darue, Legouvé, Ferey, Hemet, n'ont peut-être pas oublié un teinturier dont le caniche changeait de couleur toutes les semaines et nous apparaissait successivement bleu, rose, lilas, vert, etc.

La mode des petits chiens est ancienne.

Juvénal parle d'un petit chien compagnon des jeux d'un enfant : *onlusor catellus*.

Selon Martial, c'est de la Gaule qu'on tirait les petits chiens les plus jolis. « On ne m'a demandé qu'un distique sur cette petite chienne gauloise, *catella gallicana*, et j'aurais besoin d'une page entière pour vous raconter ses charmes et ses gentillesses. »

Pétrone, dans le *Satyricon*, parle de la petite chienne de Trimalcion, que celui-ci, dans un accès de sensibilité bachique, recommande que l'on représente en marbre sur son tombeau.

On sait que Henri III portait souvent au cou un panier dans lequel étaient ses petits chiens préférés.

La duchesse d'Orléans, mère du régent, écrivait à une de ses amies : « Je vous envoie cette lettre en deux morceaux, parce qu'une de mes petites chiennes l'a déchirée; la dame qui a commis cette action s'appelle l'*Audace*, née *Robe*, ainsi nommée parce que *Charmille*, sa mère, accoucha d'elle sur le bord de ma robe. » Elle dit dans une autre lettre : « Une de mes chiennes, reine inconnue, a mangé quelques mots de cette lettre... » Ailleurs : « Je n'ai plus que neuf petits chiens dans ma chambre, car celui que j'aimais le plus est mort cet été. »

« J'ai vu, dit Pline l'Ancien, des brebis vivantes dont les toisons avaient été teintes en pourpre, en écarlate, en violet. On avait employé une livre de peinture pour chaque demi-pied de toison (*purpura, cocco, conchylio*). »

Lorsque Virgile veut parler ou de choses impossibles ou d'un âge d'or futur, il ne manque pas de dire que les brebis auront naturellement la toison de la couleur de la pourpre ou de la couleur du safran :

> Sponte sua sandyx pascentes vestiet agnos.

Le safran était une couleur fort prisée chez les Romains.

« Il faut se défier des femmes qui ont une

dot, dit Mégadore dans l'*Aululaire* de Plaute. La femme qui a apporté une dot à son mari lui dit : « Il me faut des robes de pourpre, des » pierreries, des servantes, des esclaves, des » mulets, des cochers, des voitures, etc. »

» Voici venir les foulons, les orfévres, les tailleurs, les brodeurs, les teinturiers en rouge, en violet et en safran, les cordonniers à la grecque et les cordonniers à la romaine, etc. (Suivent vingt vers d'énumération de fournisseurs)... Et tous ces gens-là demandent de l'argent. On paye, et quand arrive un soldat pour réclamer sa solde, on n'a plus d'argent ; on court chez son banquier, le banquier répond qu'il est déjà en avance, et le soldat ne dîne pas, etc. »

Et le même Plaute dans *Épidicus* (le Fourbe) :

» PÉRIPHANE. Avait-elle sa robe à la *gouttière* ? C'est une nouvelle mode que les femmes viennent d'imaginer.

» ÉPIDICUS. Eh quoi ! portent-elles des *gouttières* ?

» Périphane. Quoi d'étonnant ? ne les voit-on pas porter dans les rues des maisons et des fermes entières ? N'y a t-il pas la tunique transparente et la tunique unie, la robe à franges et la robe brodée, la robe à la reine et la robe étrangère ; et rien qu'en robes jaunes, n'en faut-il pas une couleur de safran, une couleur de cire, une couleur de miel, etc., etc. ?

» Et c'est pour fournir toutes ces robes que les hommes laissent vendre leur bien à l'encan ! »

XII

ANNEXION DE NICE

La prolongation de la situation bizarre où se trouve la ville de Nice, le peu de mesure de la polémique qui s'est élevée à ce sujet, les hésitations du syndic de la ville et de beaucoup de gens qui attendent à connaître le vainqueur pour choisir un parti, ont amené quelques querelles, quelques rixes même, mais sans gravité.

On prétend que des menaces d'insultes ont été proférées contre les Français résidant à Nice, et spécialement contre ceux qui portent le ruban de la Légion d'honneur.

Quelques Français, qui me paraissent avoir pris ces bruits trop au sérieux, se sont placés sous la protection de M. le consul de France.

Désirant suivre cet exemple, tout en y apportant quelques modifications, j'ai, pour quelques jours, cessé de porter le ruban vert que le roi de Sardaigne m'a fait l'honneur de m'envoyer, et je ne conserve que le ruban rouge qui m'a été donné par le feu roi Louis-Philippe, ne voulant pas que le premier ait l'air de protéger le second.

Et je déclare publiquement que, en présence de ces éventualités d'insultes ou d'attaques, je me place, dès à présent, et resterai placé :

Sous ma propre protection.

Il parait donc convenu que notre situation est horrible.

Nous approchons du lundi de Pâques, c'est l'anniversaire des Vêpres siciliennes !

Nous sommes beaucoup qui nous exerçons à prononcer correctement le mot *ciceri*, pour tromper les Italiens, au moment du massacre.

Mais qu'entends-je ? le canon ?

C'est une frégate française qui entre, non pas dans le port de Nice, qui est plus petit que la frégate, mais dans la rade de *Villafranca*.

Il était temps !

M. le marquis de Saint-Aignan et moi, nous sommes sauvés !

Merci, mon Dieu !

On assure que le roi de Naples va donner à son peuple une constitution libérale. Cette plaisanterie est connue : c'est aux peuples qui viennent de s'affranchir, et aux peuples qu'ils n'ont plus, que les tyrans ont coutume d'offrir la liberté et une constitution.

O touchante générosité! « Vous avez tout repris, je vous en donne la moitié. » Gageons que le roi de Naples consent, avant quinze jours, à prendre le bonnet rouge pour couronne et à proclamer l'anarchie, pourvu qu'il en soit le roi.

J'ai connu une femme qui répondit à un amoureux que je ne nommerai pas :

— Jamais, monsieur ! vous êtes si amoureux de moi, vous me prêtez tant de perfections, vous m'attribuez des beautés telles, que je ne m'exposerai pas à l'humiliation de vous rendre heureux.

Et elle tint parole.

Peut-être la France est-elle dans le même cas vis-à-vis des Niçois annexionnistes; leurs dithyrambes, leurs rêves, leurs espérances, devraient lui inspirer des inquiétudes, des doutes, des hésitations, des refus enfin.

Vous vous rappelez Virgile prophétisant ce que deviendrait Rome à la naissance du fils de Pollion.

Virgile est à peine à la hauteur de certains annexionnistes.

Ultima Cumæi venit jam carminis ætas.

Voici venir les temps prédits par les brochures :
Anselme Petetin et vingt autres augures
Vous l'avaient annoncé : Nice, française enfin,
Voit poindre les jours d'or d'un prospère destin [1] :
On verra, sans travail, le blé jaunir les plaines [2] ;
Aux ronces du chemin pendre un raisin pourpré [3],
Et les chênes noueux suer un miel doré [4] ;
On puisera, sans crainte, aux jarres toujours pleines,
Cette huile qui jadis nous coûtait tant de peines ;
Le glauque olivier, dans un repos charmant,
Végétant sans fatigue, et sous les brises chaudes,
Sans aucun intérêt et pour son agrément [5],
Au lieu d'âpres fruits verts, aura des émeraudes.
L'oranger, poinçonné par le gouvernement,
Portera, des fruits d'or, d'or contrôlé, sans fraudes.

1. *Ac toto surget gens aurea mundo.*
2. *Molli paulatim flavescet campus aristâ.*
3. *Incultisque rubens pendebit sentibus uva.*
4. *Et duræ quercus sudabunt roscida mella.*
5. . . . . . . *procul negotiis*
  . . . . . *solutus omni fœnore.* (HORACE.)

Les moutons, épargant à l'homme un dur travail,
En ces jours de miracle et de métamorphose,
Se feront un plaisir de naître teints en rose [1],
Et paîtront dans les champs tout cuits et tout à l'ail.
Pour comble de bonheur, nous en savons la cause [2] :
O prodige inouï, que pas un, pas un seul,
N'a jamais entendu conter par son aïeul ! —
Aujourd'hui ! le neuf mars ! nos pêchers, hier roses,
Ont, ce matin, des airs désolés et moroses ;
La neige étend sur eux son triste et froid linceul ;
Et, sous l'étrange aspect de cocarde, à l'aurore,
Le soleil, sans rayons, s'est levé tricolore.
Enfin, en attendant l'instant officiel,
Déjà l'annexion est accomplie au ciel.

Un mot sérieux, cependant, à MM. les partisans de l'annexion.

Il est à remarquer que les arguments des annexionnistes reposent tous sur l'hypothèse d'avantages matériels.

Ces avantages seraient certes plus grands pour moi que pour aucun d'entre eux. Il faut donc me supposer des raisons d'un autre ordre.

Ces messieurs, avec le zèle des nouveaux con-

---

1. *Sponte suâ sandyx — pascentes vestiet agnos.*
2. *Felix qui potuit rerum cognoscere causas.*

vertis, ne se contentent plus d'être Français, ils sont les seuls Français; ils traiteront bientôt de Nizzards les Français établis à Nice. Dès aujourd'hui, ils appellent « mauvais Français » ceux qui sont d'un sentiment contraire au projet d'annexion, et perturbateurs et séditieux ceux qui veulent conserver leur roi, leurs lois et leur patrie.

Les Français qui étaient contraires à la guerre de Russie en 1812 n'étaient pas plus mauvais Français pour cela.

Ceux-là ne sont pas non plus de mauvais Français qui ne placent pas la gloire des pays dans leur étendue : la grandeur, selon moi, se mesure en hauteur et non en largeur, et les hommes longs et gros ne sont pas pour cela de grands hommes.

Ce qu'il y a de plus grave en tout cela, c'est la souveraineté du vœu national, enfin reconnue et admise en principe par toutes les puissances européennes.

M. le syndic Malaussena, averti qu'il *aurait mieux valu* que la fête de l'annexion eût lieu le jour de l'annexion qu'un autre jour quelconque, ne pouvant faire la fête, a pris le parti de l'avoir faite.

Et, le soir, il disait à quelqu'un :

— Eh bien, comment trouvez-vous notre petite fête?

Ce quelqu'un le regarda avec des yeux effarés, — en songeant qu'il n'y avait pas eu de fête du tout.

Mais, se remettant, et ne voulant pas paraître moins gai que le syndic, il répondit :

— Charmante, en vérité !

Le soir, j'ai assisté au théâtre, — hier Royal, aujourd'hui Impérial, je suppose, — à un des plus grands succès que j'aie vus au théâtre.

Je ne puis donner qu'une idée très-imparfaite de la pièce :

Au lever du rideau, le théâtre représente une forêt; dans cette forêt est un ballon, sous ce ballon une nacelle, dans cette nacelle un monsieur en habit noir avec le ruban de la Légion d'honneur.

— Où suis-je? dit-il; suis-je à Naples? suis-je en Australie? Ces bois d'orangers, ces gazons de violettes!... Mais je suis peut-être à Nice?

Il se promène longtemps sans parler, en long et en large. Une trappe s'ouvre, une dame court-juponnée de bleu paraît et dit :

— Je suis *Nicette!*

Des applaudissements unanimes accueillent ce mot.

— Et vous, dit-elle à l'étranger, qui êtes vous?

L'étranger se penche vers elle et lui parle à l'oreille :

— Ah! très-bien !

Arrive une personne habillée en *Paglion*, ce fleuve qui roule des pierres et sert de pâturage aux chèvres. Couplet.

— Je donne ma voix pour l'*Annexion*, dit le *Paglion*.

— C'est une voie d'eau, dit Nicette.

Explosion de rires dans la salle, applaudissements. Vient le *Rocher*. Il a un petit canon sous le bras.

— J'ai soif, dit-il, je voudrais boire un *canon*.

— Tu en as un sous le bras, dit Nicette.

Le public reste froid : c'est que *canon* pour *verre de vin* est un mot qui n'est pas encore venu à Nice; il faut trois ans d'annexion pour comprendre ces finesses, pour lesquelles on n'est pas encore mûr ici.

— Je ne puis rafraîchir ma bouche en feu avec cette bouche à feu, ajoute le Rocher.

Quelques Français anciens applaudissent seuls.

Une jeune personne toute fleurie représente le *Jardin public* :

— J'ai trop chaud, dit-elle, je demande de l'ombre.

— Tu as ton bassin, dit Nicette en rougissant.

— Mon bassin ! répond l'aimable enfant ; vous me bassinez, avec mon bassin.

Les applaudissements redoublés font trembler la salle.

C'est le tour du *Phare de Villefranche.*

— Je suis fatigué d'être toujours debout, dit-il, je voudrais m'asseoir.

— Comment veux-tu t'asseoir, tu n'as pas de fondement, répond... je ne sais plus si c'est Nicette ou un autre personnage qui répond, mais enfin ça se répond.

L'enthousiasme du public est à son comble.

Enfin, l'intrigue va se dénouer ; le monsieur décoré, en habit noir, dit :

— Je suis l'*Annexion.* Je vais, ô Nicette, vous présenter à la *France.*

La forêt se lève, et sur une estrade de drapeaux et d'écussons emblématiques apparaissent groupés la France, la Victoire, la Gloire, et Masséna en costume de maréchal.

Ici, l'admiration des spectateurs touche au

délire; on écoute cependant les couplets, et la toile tombe au milieu d'applaudissements frénétiques. On demande l'auteur : les acteurs le ramènent recevoir les applaudissements enthousiastes de la salle entière.

Ce matin, à quatre heures, le canon et les cloches ont éveillé la ville en sursaut : ce réveil, un peu brutal, avait pour but de rappeler aux habitants de Nice, qu'il y aurait une fête sur l'eau à deux heures et un mât de cocagne à trois heures, et que rien ne les empêchait de se rendormir. — Cela m'a rappelé ce vieux soldat qui avait donné à son domestique l'ordre de le réveiller tous les matins à l'heure ordinaire de la *diane*, et de lui dire : « Monsieur, vous n'êtes plus soldat, vous pouvez dormir jusqu'à neuf heures. »

On ne se figure pas ce que nous avons entendu de coups de canon à Nice depuis quelque temps, à propos de cette conquête pacifique dont le principe est enfin reconnu.

L'impératrice de Russie arrive : coups de canon ! on célèbre sa fête : coups de canon ! elle part : coups de canon ! la grande-duchesse Hélène arrive : coups de canon ! M. Amat fait dresser un mât de cocagne sur la place Saint-Dominique : coups de canon.

Les grands de la terre semblent toujours préoccupés de la pensée de faire supposer aux hommes qu'ils sont énormes et qu'ils ne peuvent remuer un bras sans que cela fasse un bruit épouvantable.

Lorsque Jupiter faisait un signe de tête, l'Olympe en était secoué.

Annit, et totum nutu tremefecit Olympum.

Quel roi faisait donc rouler son char sur un pont d'airain ?

Les titres de grandeur : Hautesse, Altesse, Majesté, l'habitude de dire *nous*, n'ont pas d'autre but, le canon qui accompagne tous leurs mouvements n'en a pas d'autre.

Mais, de tous ces moyens, le plus adroit, le plus efficace sans contredit, est celui qu'avaient imaginé les premières et anciennes royautés, — à savoir, de vivre à l'abri des regards qui observent et qui mesurent.

XIII

LA MODESTIE

La modestie est une jolie invention ; c'est une vertu que peu de personnes pratiquent, mais que chacun exige impérieusement des autres.

Faites un crime, une faute, une sottise, il ne manquera pas de gens pour le raconter et le crier non-seulement sur les toits, ce qui n'aurait pas beaucoup d'inconvénients, attendu que les cris seraient étouffés par le bruit des rues, mais sous les toits, c'est-à-dire dans les salons et les chambres.

Faites une belle, ou simplement une bonne action, accomplissez seulement un devoir un peu difficile ou un peu cher, vous pouvez compter sur le secret, on respectera scrupuleusement votre modestie.

Et, si vous vous dites un jour : « Mais je joue un jeu de dupe ; on publie ce que je fais de mal, on cache soigneusement ce que je fais de bien, — je dois passer pour un gredin. Rétablissons l'équilibre et disons nous-même ce qu'on ne veut pas dire. »

Oh ? alors, vous n'êtes pas bon à pendre. « Quel orgueil ! La main gauche doit ignorer ce que donne la main droite, etc., etc. On ne doit pas parler de soi, » etc., etc.

Sauvage, l'inventeur de l'hélice, est mort depuis quelques années ; j'ai lu plusieurs brochures sur lui, sa vie et ses inventions ; on y raconte ses luttes, ses souffrances, ses misères, que l'on a connues uniquement par *les Guêpes ;* une seule de ces brochures fait mention de moi, pour me prêter à tort un mot décourageant que j'aurais adressé à Frédéric Sauvage.

Le jour où cette brochure m'a été adressée, j'ai pris la plume; j'acceptais qu'on passât sous silence l'honneur et le bonheur que j'ai eus d'être l'ami dévoué de Sauvage malheureux ; mais il me semblait dur qu'on inventât une semblable histoire.

Néanmoins, je laissai tomber la plume et je ne dis rien, par paresse, par dédain, que sais-je ?

Mais, il y a quelques jours, dans le journal *le Soleil*, j'ai lu les lignes que voici :

« Dans une ville dont je ne veux pas me rappeler le nom, on laissa dans la misère, poursuivi, sans secours, emprisonné, cet homme qui révolutionna l'art nautique en inventant l'hélice...

» *Signé* GERMOND DE LAVIGNE. »

Cette fois, je ne puis faire semblant d'ignorer,

et je réponds : Cette ville dont M. de Lavigne ne dit pas le nom, c'est le Havre.

Et, en 1843, j'habitais Sainte-Adresse, alors un hameau désert à une demi-heure de chemin du Havre. — C'est toi qui avais découvert Sainte-Adresse et me l'avais indiquée.

C'est de là que je vis sortir *le Napoléon*, le premier bâtiment à hélice. Sur le navire étaient MM. Barnes, ingénieur anglais, et Normand, constructeur français, qui avaient fait *le Napoléon* sur les dessins et les plans de Sauvage; de plus, M. Conte, directeur général des postes, l'amiral préfet maritime, le sous-préfet de l'arrondissement, etc., etc.

Le lendemain, les journaux racontaient la promenade triomphale du *Napoléon*, qui parcourut trois fois la rade du Havre, puis alla à Cherbourg et à Southampton.

Le lendemain, j'écrivis et je publiai dans le *Journal du Havre* une lettre où je racontais rudement l'histoire de Sauvage, seul absent de son navire et même oublié dans la relation, de Sauvage ayant vu le triomphe si longtemps attendu de son invention, d'une petite fenêtre de la prison pour dettes.

Je parlai de M. Normand décoré de la main du ministre pour l'hélice de Sauvage, et je dis sans ménagement tout ce que mon indignation m'inspira. Ma lettre finissait par ces mots :

» Quoi ! un ministre était au Havre et il n'a pas demandé où était Sauvage ! Quoi ! le ministre de la marine, quoi ! le roi de France laissent Sauvage en prison !

» C'est une tache pour un pays, c'est une tache pour une époque, c'est une tache pour un règne ! »

On trouve cette lettre dans le troisième volume des *Guêpes* (édition Michel Lévy), page 275; il y avait de plus dans celle qui fut insérée au *Journal du Havre* des révélations qui ne me parurent à tort que d'un intérêt local. Cette lettre m'attira une réponse. Cette réponse reçut une réplique foudroyante, parce que j'avais la vérité de mon côté. De là des haines sourdes et hypocrites qui m'ont poursuivi pendant tout mon séjour à Sainte-Adresse et n'ont pas été étrangères à mon départ après 1852.

Je ne connaissais pas alors Frédéric Sauvage; mais, le jour même, j'étais allé le trouver dans sa prison, dont le secours de quelques amis le firent immédiatement sortir.

Le lendemain, il me faisait l'honneur de demeurer sous mon humble toit, où sa fille, mademoiselle E. Sauvage, accourut l'entourer des soins les plus dévoués. Il avait caché son dernier malheur à sa famille et à ses amis, et on ne l'avait appris que par le *Journal du Havre* et par *les Guêpes*, que plusieurs journaux de Paris avaient reproduites.

Dans un petit chapitre sur un certain ruisseau de mon jardin, qui se trouve au même volume des *Guêpes*, page 406, je parle encore de Sauvage comme de mon hôte.

Je ne sais plus quand il me quitta, mais ce fut lorsque j'eus obtenu, de deux ministres, une pension qui lui suffisait pour vivre, parce qu'il avait peu de besoins, et que sa fille tenait leur petit ménage avec un ordre et une économie dont elle prenait les privations pour elle-même.

Mais pension honteusement mesquine pour l'honneur du pays, hélas! où l'on a l'habitude de donner facilement du marbre et des statues aux grands hommes et aux citoyens utiles quand ils sont morts, mais rarement du pain et du respect tant qu'ils sont vivants.

Sauvage a laissé un fils et une fille. Le fils exploite, je crois, une des nombreuses inventions de son père ; il a eu la bonté de m'écrire lors de la mort de François-Frédéric Sauvage, our me dire que son père s'était souvenu de moi à ses derniers moments, et que mon nom était un des derniers mots qu'il avait prononcés.

Je n'ai plus eu de nouvelles de mademoiselle Sauvage ; a-t-on reversé sur elle une partie de la pension de son père? Je l'ignore; c'était une nature réservée et fière qui pourrait bien n'avoir rien demandé; elle doit être vieille aujourd'hui, et, si on n'a rien fait de convenable pour elle, il serait peut-être bon de se hâter...

« Ah! quel orgueil! On ne doit pas parler de soi... La main gauche doit ignorer ce que fait la main droite, » etc., etc., etc.

XIV

INVENTIONS

Je m'efforce, depuis une trentaine d'années, de faire accepter par mes contemporains trois ou quatre *paradoxes* de la force de ceux-ci : Le marchand qui vole est un voleur, le marchand qui empoisonne est un empoisonneur, la propriété intellectuelle est une propriété, etc.

L'étude et la défense de ce dernier *paradoxe*,

dont j'ai, après vingt ans, fait adopter la formule à un certain nombre d'esprits aventureux et révolutionnaires, et mes relations avec Sauvage, me mettent naturellement en rapport avec les inventeurs et leurs inventions.

En parcourant la nomenclature des brevets pris cette année, je remarque d'abord que, selon le journal *la Propriété industrielle*, du 7 au 21 avril, il aurait été pris quatre-vingt-dix-neuf brevets d'invention.

Quatre-vingt-dix-neuf brevets d'invention en quinze jours, cela fait six inventions par jour ; pendant ces deux semaines, chaque jour, six hommes s'écriaient : *Euréka !* Quelques-unes de ces inventions, je dois l'avouer, m'inquiètent à un certain point, et demandent peut-être des explications. Exemples :

VALENTIN ET STIEBERG

SUCRE ÉLASTIQUE.

Le sucre n'était donc pas élastique ?

Il avait donc besoin de l'être ?

Je croyais si peu à cette nécessité, que, pour mon compte, je n'avais jamais essayé de savoir s'il l'était.

Cette qualité, ajoutée au sucre, me parait le ranger dans la catégorie où figure déjà « le pavé incombustible ».

NÉFLIER ET BLONDIN
VENTE DE TIMBRES-POSTE.

J'aimerais autant que ces deux messieurs, car ils se sont mis deux, eussent réuni leurs efforts pour inventer le café à la crème, le bifteck aux pommes de terre, ou les côtelettes panées.

Comment peut-on inventer la vente des timbres-poste ?

C'est peut-être un nouveau mode de vente.

Jusqu'ici, on a vendu des timbres-poste en donnant lesdits timbres contre leur valeur en argent.

Comment a-t-on pu modifier cela ?

Je ne m'arrêterai pas à M. Cogola, qui a inventé *la liqueur Figaro*, ni à M. Guyot-Dannei, qui a imaginé la *cuiller thérapeutique*.

Mais je ne puis passer sous silence M. Clavelout, qui a pris un brevet pour *les serrures de lit*.

Qu'est-ce que ces serrures pour le lit? Est-ce une invention à l'usage des maris avares qui y veulent enfermer sûrement leur trésor.

Mais l'amour aurait bientôt ses Hurets et ses Fichets, sans compter que le nom de l'inventeur, qui veut dire *Clef,* m'inspirerait, si j'étais dans ce cas, une confiance bien médiocre.

L'esprit humain ne se repose jamais. Voici une nouvelle liste d'inventions : quatre-vingt-sept, qui ont vu le jour du 19 avril au 15 mai.

Je remarque, dans cette liste, M. Ruteau, qui a pris un brevet pour des fleurs en fer.

En fer!... bon Dieu, que deviendront toutes ces images et ces comparaisons chéries des poëtes sur la fragilité et le peu de durée des « filles de Flore » !

Je comprends tous les avantages des fleurs en fer; les femmes seront armées d'une façon tout à fait galante.

Exposez-vous donc à vous faire taper sur les doigts avec une rose dont les épines seront en acier !

Les fleurs, désormais offensives et défensives, protégeront suffisamment le sexe réputé le plus faible. L'homme assez hardi pour offenser une femme qu'il croit sans défense, se trouvera fort surpris quand on lui passera son bouquet au travers du corps.

Une seule circonstance m'inquiète; les fleurs y gagneront en durée, en dureté; quand un bouquet sera fané, on pourra le faire étamer; elles y gagneront en utilité, mais il me semble bien qu'elles y perdront sous le rapport du parfum !

C'est une question à examiner.

M. Mallory a pris un brevet pour des perfectionnements apportés aux crinolines. En quoi consisteront ces perfectionnements ? Va-t-on augmenter, va-t-on diminuer l'ampleur des crinolines? va-t-on serrer les barreaux de la cage où les femmes enferment leurs charmes, comme un essaim d'oiseaux sauvages, farouches, carnivores et rapaces ?

Cette nouvelle invention va-t-elle permettre aux femmes de lutter, avec moins de désavantage, contre les étalages des marchands de nouveautés?

Le Petit Courrier, qui est, je crois, le plus ancien des journaux de modes, signale à l'admiration de ses lectrices une robe qui, en aunant jupe, ruches, rubans, etc., etc., s'étendrait sur une longueur de mille et un mètres, — c'est-à-dire, un peu plus d'un quart de lieue.

Certes, la devanture et l'étalage d'un boutiquier d'autrefois se faisait avec moins d'étoffe.

Mais les boutiquiers d'aujourd'hui se piquent

d'honneur, et ne resteront pas en arrière. Voici le magasin du *Coin de rue* qui annonce la mise en vente de quatre lieues trois quarts d'une nouvelle popeline quadrillée, et de sept lieues de taffetas d'Italie.

M. Raquel a pris un brevet pour l'invention d'une *ceinture indépendante*. Qu'est-ce qu'une ceinture indépendante? Nous avions déjà la ceinture ou le ceste de Vénus, nous avions les ceintures dorées.

Cela est-il politique, ou seulement léger? cela s'arbore-t-il, ou se dénoue-t-il?

Il y a longtemps que je l'ai dit pour la première fois, tout n'est que mode en France. Il y a bien, dans cet heureux pays, des choses que l'on appelle lois, mœurs, raisonnement; il y a aussi, selon les circonstances, des rois, des consuls, des empereurs; mais tout cela n'a aucun pouvoir réel, la mode seule est reine, impératrice, autocrate. Elle seule est obéie, et, quand un roi, un consul, un empereur a l'air d'être écouté, acclamé, obéi, c'est qu'il lui arrive la bonne chance d'être à la mode.

De là l'énergie et l'enthousiasme avec lesquels les hommes, les idées, les choses sont adoptés; de là aussi la facilité et la rapidité avec lesquelles les uns et les autres sont abandonnés.

L'austérité et le dévergondage, la simplicité et le luxe, la religion et l'athéisme, la liberté et l'esclavage, la paix et la guerre, l'anglolâtrie et l'anglophobie, ont été tour à tour à la mode et ont eu leur temps, et peuvent le retrouver au moment où on y pense le moins, absolument comme les robes trop larges ou trop étroites, les chapeaux trop petits ou trop grands, les gilets trop courts ou trop longs, les robes grecques et les paniers, etc.

Il y a quelques années, nous avons eu la mode des planètes. On sait qu'il y a des planètes qui sont si loin de nous, qu'au train assez rapide dont marche la lumière (310,200 kilomètres par seconde), cependant la lumière qu'elles projectent ou plutôt réfléchissent n'a pas encore eu le temps d'arriver jusqu'à notre globe depuis le « commencement du monde ». Or, M. Leverrier ayant, par hasard, levé les yeux au moment où une de ces planètes devenait visible, la « découvrit scientifiquement » et lui donna son nom.

M. Leverrier fut alors à la mode; on eût dit que, de cette planète qu'il venait d'apercevoir, devait tomber sur la nôtre une manne multiforme de prospérités, de richesses, de jouissances, etc.

On voulait voir et toucher M. Leverrier, il aurait succombé sous cet empressement, s'il n'avait pu se faire relayer par un de ses collègues de l'Institut, dont j'ai oublié le nom, et qui a précisément les cheveux du même jaune que les siens; d'où vient qu'on les appelle « les frères *chamois* de l'Académie ».

Le gouvernement d'alors, mieux avisé qu'il

ne le fut depuis en 1848, ne s'avisa pas de s'opposer à la mode du moment, la mode Leverrier; loin de là, il lui donna toutes les croix, toutes les places, tous les bureaux de tabac dont il pouvait disposer.

A la mode Leverrier succéda la mode corollaire des planètes : tout le monde se mit à découvrir des planètes, les astronomes des départements en virent dans leur modeste ciel de province. Arago, malgré tout son esprit et toute sa fermeté, n'osa pas résister en face à la mode, il en fit découvrir quelques-unes par son secrétaire.

La mode des planètes et la mode de M. Leverrier ont passé, mais M. Leverrier s'était cramponné à ses places et les a gardées : chaque homme a son jour, son heure, sa minute. Il s'agit de savoir s'en servir. La mode Leverrier passa si bien, qu'on arriva jusqu'à lui contester non-seulement la découverte, mais même l'existence de la planète ; la vérité est que c'est la planète qui a découvert M. Leverrier et lui a donné un nom.

M. Leverrier fit bon marché de sa planète et garda ses traitements.

La mode, en ce moment, est la désinfection. Il paraît que le monde s'est lassé, à la fin, de tout ce qui sent mauvais, et ne veut plus le supporter.

Je ne sais presque pas pourquoi cela me rappelle ce conte d'une religieuse qui, se trouvant, par hasard, à la noce d'une de ses parentes, fut priée de chanter, au dessert, comme avaient fait toutes les autres femmes ; elle s'excusa longtemps ; « elle ne savait aucune chanson qui pût être aussi agréable à la société que celles qu'elle venait d'entendre, » etc. On insista tellement, que, ne voulant pas désobliger ses amis, elle se recueillit, rougit, baissa les yeux, et chanta :

> Tout le monde pue comme charogne,
> Tout le monde pue on n' peut pas plus.

> N'y a qu', n'y a qu', n'y a qu' mon doux Jésus
> Qu'a l'odeur bonne,
> N'y a qu', n'y a qu', n'y a qu' mon doux Jésus
> Qui point ne pue.

Un médecin et un vétérinaire, MM. Corne et Demeau, en cherchant autre chose, ont découvert qu'un mélange de goudron minéral et de plâtre, non-seulement désinfecte les plaies de mauvaise nature, mais encore, par cela même et par d'autres causes inconnues, hâte leur guérison.

Ils ont eu un bon et noble sentiment. Ils n'ont pas voulu garder pour eux leur découverte, ils l'ont livrée à l'examen des académies et en même temps à la pratique publique.

M. Velpeau, qui est plus à même que personne d'expérimenter la découverte, a annoncé à l'Académie qu'elle avait parfaitement répondu aux espérances conçues.

D'autres académiciens se sont élevés alors, et on a assisté au spectacle auquel on assiste toujours lorsqu'il se produit une invention utile ou curieuse. Ce spectacle se divise en quatre tableaux.

PREMIER TABLEAU

On nie l'invention et ses effets. M. Chevreul prétend que le goudron minéral ne semble désinfecter les plaies que parce qu'il sent beaucoup plus mauvais qu'elles, et qu'il les désinfecte de la façon dont on vous empêcherait de souffrir d'une piqûre d'épingle, en coupant le doigt piqué.

Selon M. Marchal, de Calvi, le *coaltar* ne désinfecte pas, il absorbe.

Selon un autre, il ne désinfecte pas, il masque.

La science n'admet pas les faits qu'elle ne comprend pas. Ça sentait mauvais, ça ne sent plus mauvais, cela ne prouve absolument rien pour M. Chevreul. Cela rappelle ce mot d'une femme à laquelle un amant trahi disait : « Mais j'ai des preuves ! — Des preuves, dit-elle, eh bien, qu'est-ce que ça prouve ? »

DEUXIÈME TABLEAU.

Ça n'est pas nouveau, tout le monde savait désinfecter.

Le même M. Chevreul connaît, depuis trente ans, des désinfectants par douzaine, par vingtaine ; il fallait lui en demander ; s'il avait su qu'on en cherchât, qu'on en voulût, il se serait fait un plaisir d'en fournir autant qu'on en eût désiré.

Si l'humanité n'est pas désinfectée depuis longtemps, et sent encore très-mauvais, c'est sa faute. M. Chevreul ne pouvait pas deviner qu'elle s'en apercevait, ou en souffrait ; mais le monde est *cachottier ;* au lieu de se plaindre sournoisement, loin de la maison de M. Chevreul, au lieu de chercher hypocritement des désinfectants, le monde n'avait qu'à frapper à la porte de M. Chevreul, et lui dire : « M. Chevreul, un désinfectant, s'il vous plaît, deux désinfectants, vingt désinfectants; » et M. Chevreul aurait fourni les désinfectants demandés.

Ce ne sont pas MM. Corne et Demeau qui ont inventé le goudron de houille. Georges Berkeley, évêque de Chypre, en 1744, préconisait l'emploi du goudron.

Il est vrai qu'il s'agissait de goudron végétal, et qu'il n'était pas question de désinfecter, mais qu'est-ce que ça fait?

C'est à Berkeley que doit revenir l'honneur de la chose.

« Respect aux morts et haine aux vivants. »

TROISIÈME TABLEAU.

Et moi aussi, j'ai inventé un désinfectant; — tout le monde envoie son désinfectant, de telle façon, dit le docteur Fleury, que les académies en sont infectées.

En effet, chacun, pour bien établir la supériorité de son désinfectant, s'applique à apporter sur le bureau les matières les plus infectes, les plus putrides.

— Sentez bien, messieurs, comme ça sent mauvais, sentez encore pour bien vous convaincre que c'est là la plus mauvaise odeur possible.

» Nous allons maintenant appliquer mon désinfectant.

» Je le mêle, j'agite la matière putréfiée, la mauvaise odeur augmente, mais bientôt elle va diminuer.

» Si cette première expérience laisse quelques incrédules, nous la recommencerons...

Et les académiciens s'enfuient à moitié asphyxiés; car, en général, les désinfectants luttent de mauvaise odeur avec les matières à désinfecter.

M. Marchal, de Calvi, déjà nommé, prétend que l'iode seul désinfecte. L'iode est cher, le coaltar ne coûte rien, mais vous serez désinfecté pour votre argent.

Avec le coaltar, vous sentirez encore assez

mauvais, mais vous serez cependant supportable.

Mais l'iode seul vous rendra complétement inodore.

Place à l'Académie ! En voici un autre qui prétend non plus désinfecter, mais remplacer la puanteur par une odeur agréable : vous serez désinfectés à la rose, au jasmin, à l'héliotrope, et ce spécifique, c'est M. Flourens qui l'apporte et le présente de la part de M. Moride : ce désinfectant aromatique s'appelle *coke-bog-head*.

On pourra donc désormais être embaumé vivant.

C'est une grande consolation pour les embaumeurs de profession, qui étaient fort inquiets depuis que M. Flourens a donné une méthode pour ne presque plus mourir.

Mon Dieu ! que l'homme deviendra donc joli avec le temps ! on sait que l'on doit déjà à M. Flourens l'art de teindre les os en rose, invention qui le fit entrer à l'Académie française avant Victor Hugo et concurremment avec lui.

QUATRIÈME TABLEAU.

Doit-on écrire *coltar*, *coaltar*, *coul-tar*, *koaltar*, ou *koal-tar !*

M. Velpeau dit *col-tar* ; M. Chevreul, *coltar*, M. Renaud, *coal-tar* ; M. Flourens, *coaltar*, le docteur Fleury veut absolument qu'on écrive *koaltar* ; M. Milne Edwards et le docteur Giraud-Teulon consentent à ce qu'on écrive le mot comme on voudra, pourvu qu'on le prononce *goudron de houille*, selon M. Milne Edwards, et *goudron minéral*, suivant le docteur Giraud.

Ce qu'il y a de sérieux dans tout ceci, c'est que l'invention de MM. Corne et Demeau, expérimentée à la Charité par M. Velpeau, dans les hôpitaux de Milan et de Gênes par les ordres du maréchal Vaillant, à Alfort par MM. Bouley et Renaut, a produit les meilleurs résultats ; elle a remplacé avantageusement la charpie, presque toujours insuffisante, et a hâté des guérisons, dont quelques-unes lui sont attribuées.

Ces deux messieurs, MM. Milne Edwards et Teulon, ont parfaitement raison de ne pas permettre qu'on emprunte des mots à une langue étrangère pour exprimer des choses qui ont leur nom en français.

Puisque nous parlons de l'anglais, il me revient ceci qui ne sera pas tout à fait hors de propos, et sur quoi, toi qui sais l'anglais, tu peux lever mes doutes. Je vois ici à Nice sur beaucoup de boutiques de restaurateurs :

Dinner sent out.

On m'assure que cela veut dire qu'on porte à manger dehors. — Mais beaucoup de gens s'obstinent à lire :

Dîner sent tout.

Est-il vrai aussi que, si un Anglais se trouvant, par les fortunes de la rue, derrière une jolie femme, lui dit : *Vutt fair foot*, qu'il prononce : *Vat fair foutte*, c'est peut-être un compliment hardi, mais ce n'est pas une grossièreté, et cela signifie : « Quel joli pied ! »

De la sensibilité et de la bonhomie du soldat français, voici deux traits dont un date d'hier.

L'autre jour, quand on enterrait ce brave capitaine Negret, son ami, M. Barbier, avait écrit quelques lignes qu'il comptait lire sur son tombeau ; mais, arrivé au cimetière, les sanglots l'étouffent, il dit à ses camarades :

— Impossible, je ne dirai rien.

— Allons donc, grand enfant, dit M. Gérard, est-ce qu'on pleure comme ça ! Negret est mort; eh bien, tu mourras demain, et moi après demain, c'est prévu. Donne-moi ton papier et je te vas lire cela, moi.

En effet, M. Gérard prend le papier et dit :

« Pourquoi ne l'avez-vous pas appelé vers vous...? »

Puis il s'arrête, il étouffe, il sanglote, il

pleure, et ce n'est qu'après quelques instants qu'il peut reprendre le discours, qu'il lit d'une voix haletante et entrecoupée, ce qui fait que tout le monde pleure comme lui.

— Je me rappelle, me disait un vieux vétéran de mes amis, qu'à l'assaut d'une ville d'Allemagne, un soldat, qui était mon brosseur, se fit remarquer par sa fougue et sa fureur. Il tua trois ou quatre hommes de sa main, et s'élança un des premiers par la brèche ; il était dans un tel état d'exaspération, qu'un autre officier me dit, en le désignant du sabre : « Vois donc ton brosseur, on dirait le démon du carnage ; » en effet, il était horriblement beau à voir.

« La ville se rend, on s'arrange avec les autorités locales, la garnison sort, on nous loge chez les bourgeois ; deux jours après, me promenant dans la campagne, j'entre dans une ferme, pour demander un verre de vin ; j'appelle :

» — Holà ! quelqu'un !

» — Entrez ! me dit une voix française.

« J'entre, et qui vois-je ? mon brosseur qui écumait la marmite, et berçait un enfant sur ses genoux.

» — Eh ! que fais-tu là ? lui dis-je.

» — Vous voyez : les bonnes gens sont aux champs ; ils m'ont laissé le soin du pot-au-feu et du petit.

XV

AU FIGARO

Entraîné par sa sollicitude pour la pureté des mœurs de la presse, dont il s'est constitué le gardien, l'austère *Figaro* m'a mis en cause dans son numéro de jeudi dernier.

On lui a dit que j'avais vendu des plantes à la ville de Paris, et il manifeste à ce propos deux nquiétudes :

La première s'exprime ainsi : « Les fleurs

viennent do jardin du M. Alphonse Karr, c'est-à-aire de chez ses voisins. »

C'est-à-dire que Caton craint que je n'aie vendu plus de végétaux que je n'en possède et que je n'aie emprunté, acheté ou volé des plantes chez mes voisins pour faire le complément.

Le second souci de *Figaro* se formule de cette manière : « M. Karr a vendu des fleurs et des plantes à la ville de Paris ; je ne comprends en ceci qu'une chose : M. Karr n'a pas voulu faire autrement que Nice, il s'est annexé : seulement, il y a mis le temps. »

Ce qui veut dire : « M. Karr, vendant à la ville de Paris ses fleurs et ses plantes, ou plutôt les fleurs et les plantes achetées ou volées à ses voisins, paraît bien avoir vendu le jardinier par-dessus le marché. »

Ce pauvre et vertueux *Figaro* doit-être impressionné bien douloureusement. Je m'empresse de le rassurer sur les deux points.

Sur le premier point : les plantes, arbustes

et fleurs que j'ai vendus et livrés, ont été choisis et comptés à même mon jardin, par les délégués de la ville de Paris, qui étaient en tournée pour faire des acquisitions dans les départements méridionaux et en Italie. Je n'en ai pas vendu plus de cinquante mille, et il m'en reste cinq fois autant, dont une partie est mise à la disposition de *Figaro* pour les plantations de la *villa Soleil* à des prix modérés. Le jardinier de la *villa Soleil* pourra, comme ceux de la ville de Paris, les choisir et les marquer dans mon jardin *tenant par racines*. — Il n'y aura pas besoin d'avoir recours aux voisins.

Sur le second point : ayant une certaine quantité de plantes disponibles, je les ai mises en vente, je dois l'avouer, sans demander préalablement l'autorisation de *Figaro*; j'ai fait imprimer un catalogue et je l'ai adressé tout d'abord aux propriétaires en train de faire des jardins, c'est-à-dire ayant besoin d'acheter ce que j'avais e désir de vendre. M. le baron Haussmann se trouvant dans ce cas pour sa villa de Nice, a reçu un de ces catalogues, et M. Barillet-Deschamps, qui allait à Gênes et à Florence, pour des acquisitions de plantes, a fait un choix et a acheté ce qui lui a convenu.

Seulement, comme je ne suis pas sans avoir entendu parler des allures de la calomnie, et en songeant à la douleur qu'éprouverait *Figaro*, si un membre de la presse était *soupçonné*, j'ai pris la précaution que voici :

Lorsque M. Barillet-Deschamps et la personne qui l'accompagnait m'ont demandé le prix de mes plantes, j'ai dit :

— Avant tout, messieurs, qu'il soit bien établi que je vends à la ville de Paris, comme je vends et je vendrai à des bourgeois qui ont ou auront besoin de plantes. S'il y a une nuance, elle consistera en ceci : *Je veux* que la ville de Paris ait payé bon marché et ait fait une bonne affaire.

Cela dit et compris, nous avons fixé les prix. Quelques-uns ont été acceptés immédiatement;

quelques-uns ont été discutés ; sur quelques autres, nous ne sommes pas tombés d'accord, et j'ai gardé les plantes.

J'ai à diverses reprises et à d'autres époques vendu des fleurs, des fraises, des pommes de terre et des choux à l'impératrice de Russie et à d'autres souverains ; je les ai vendus aux mêmes prix qu'aux divers bourgeois qui m'ont honoré de *leur pratique*, et je n'ai pas pour cela été *annexé* à la Russie ni aux autres gouvernements que je compte dans ma clientèle.

J'espère que le rigide *Figaro* est maintenant rassuré : je n'ai vendu que des plantes cultivées de mes mains, je n'ai pas vendu les plantes d'autrui, et je n'ai pas vendu le jardinier.

Le jardinier est encore à vendre, parce qu'on ne lui a pas jusqu'ici offert le prix auquel il s'estime et la monnaie qui lui convient.

Je laisse à l'appréciation des lecteurs le côté sérieux qu'il ne m'a pas convenu de traiter.

« Le 3 avril 1862, membre du jury à l'exposition des plantes de la Société d'horticulture de la ville de Nice, je fus délégué, avec M. le prince Pierre Trubetskoï, amateur très-distingué, pour visiter les jardins.

« Dans celui de M. Alphonse Karr, nous constatâmes plusieurs collections riches et variées de fleurs et d'arbustes très-bien cultivés, parmi lesquels quelques plantes nouvellement introduites et paraissant à Nice pour la première fois.

» Je fus chargé de rédiger le rapport de notre visite, et plusieurs médailles furent décernées par la Société à M. Alphonse Karr.

» Nice, 17 août 1865.

» JUSTIN MONTOLIVO,

» Bibliothécaire de la ville et botaniste. »

M. Hortolès, de Montpellier, propriétaire et directeur d'importantes pépinières, avait été invité à venir à Nice pour faire partie du jury lors du concours régional. M. Hortolès m'avait fait l'honneur de visiter mes cultures, et, quelque temps après son départ, m'avait envoyé des greffes de roses que je ne possédais pas. C'est en réponse à mes remercîments qu'il m'a écrit une lettre à laquelle j'emprunte quelques passages :

« J'ai voulu enrichir votre nombreuse collection de quelques variétés que je ne me rappelle pas avoir vues dans votre jardin. Je vous fais l'aveu que mon envoi n'est pas tout à fait désintéressé : je compte vous demander certaines espèces qui m'ont frappé par leur éclat et leur développement au milieu de celles qui composent vos riches cultures. . . . .

r J'ai souvent présent à l'esprit ce vaste champ de roses si bien fleuri au moment du concours régional de Nice, et, chaque fois que j'y pense, je ne peux m'empêcher de vous blâmer de n'avoir pas exposé. Vous auriez eu, sans contredit, le premier prix pour les roses coupées, et une médaille d'or pour votre collection unique de plantes grimpantes, et probablement pour vos ramarquables et énormes poires, dont la maturité si précoce me frappa. . . . .

» Une chose surtout m'a fortement surpris, c'est que vous n'ayez pas exposé quelques-uns de vos bouquets; il n'y avait rien certes à l'Exposition qui pût rivaliser avec les trois que j'ai vus à cette époque terminer dans votre atelier. . . . .

» Tout à vous.

» HORTOLÈS,
» Membre du jury au concours régional de Nice, section d'horticulture. »

« Nice, le 15 août 1865.

» Vous m'étonnez bien, monsieur et ami, en m'apprenant qu'on cherche à répandre des bruits ridicules sur vos cultures.

» Il est de notoriété publique à Nice que votre jardin renferme de nombreuses et riches collections de fleurs et de plantes d'ornement; il n'est pas un de nos confrères qui ne le reconnaisse, ainsi que vos procédés de bon et obligeant confrère en toute circonstance.

» Il est aussi avéré pour les visiteurs de votre établissement que, chaque fois qu'on y va, on y remarque de nouvelles introductions de plantes rares.

» Je vous prie d'agréer mes salutations cordiales.

» JOSEPH BESSON,

« Horticulteur, dessinateur et entrepreneur de jardins à Nice. »

Terminons la question de mon jardin par quelque chose de gai. Vous avez vu de quel air triomphateur à l'inculpation d'avoir joué un rôle dans *la Pénélope normande*, sans en savoir un mot, Scapin répond : « Au contraire, votre jardin est un coin de terre mal cultivé dans lequel n'y a pas pour *cent sous* de fleurs. »

Je trouve sur les livres de mon magasin, à la

date du 16 avril 1865, que Scapin me doit *dix francs* de fleurs achetées chez moi.

XVI

SI J'ÉTAIS RICHE

Si j'étais riche...

Il n'est personne qui n'ait commencé ainsi une longue série de projets magnifiques et dans lesquels presque toujours la bienfaisance occupe une assez large place ; mais ceux auxquels arrive le gros lot voient éclore et poindre en même temps une foule de besoins affamés qu'ils ne se connaissaient pas, et qui, au bout de peu de temps, les ont remis au point d'où ils étaient partis et leur permettent de reproduire les mêmes projets, car ils ne sont plus riches.

Et moi aussi, je disais ce matin : « Si j'avais

l'honneur d'être riche ! » et je le disais à propos du télégraphe.

Le télégraphe a quelques défauts : il supprime le temps et la distance, il est vrai, mais il ne les supprime que pour les riches. Ce n'est pas ce point que je veux traiter aujourd'hui. Je m'étais d'abord réjoui de voir que le télégraphe accoutumerait l'esprit français à la concision; mais je crains qu'il ne l'accoutume qu'à une sorte de patois de nègre de roman : *Toi pas écrire, moi être inquiet*. Beaucoup de gens finissent par croire que c'est une langue spéciale, une langue sacrée, la langue de l'électricité.

J'ai reçu plusieurs fois des dépêches dans lesquelles ce qu'on avait à me dire aurait tenu au large en langage ordinaire et humain, dans les quinze mots que le télégraphe vend pour deux francs. Rien, par exemple, n'empêchait mon correspondant de me dire :

« J'ai reçu votre lettre; je vais vous répondre par la poste. Salut cordial.

» X... »

Eh bien, il m'adressait sa missive dans la susdite langue du nègre :

« Reçu lettre, vais répondre par poste. »

Un seul jusqu'ici, mais un cependant, m'a écrit *par la poste* dans une lettre dûment cachetée :

« Envoyer bouquet mariée, » etc.

Pour quelques-uns, ce patois sera bientôt la langue des affaires.

Puis on s'y habituera et on n'écrira plus autrement.

Donc, je me disais ce matin :

Si j'avais l'honneur d'être riche, je me permettrais le luxe et l'élégance d'écrire par le télégraphe comme j'écris par la poste ; je dirais ce que j'ai à dire dans mon langage ordinaire, et les mots ne seraient comptés que pour payer l'administration.

Il y a encore une autre chose, relative au télégraphe, que je ferais avec grand plaisir ; mais, ici, il ne faut plus seulement une condition, il en faut deux : la première est toujours la même : Si j'étais riche ; la seconde est celle-ci : Pourquoi l'administration, livrant l'usage de ses fils électriques à la correspondance privée, n'a-t-elle pas permis cette correspondance dans les conditions ordinaires de la correspondance des particuliers ?

On écrit par la poste dans la langue que l'on veut et l'on cachette sa lettre.

Pourquoi n'accepte-t-on pas les correspondances en langues étrangères et en *chiffres* ? ce dernier moyen cachetant simplement la missive comme la cire et l'empreinte.

Une grande partie de la correspondance échappe ainsi au télégraphe, si c'est pour l'administration un avantage de recevoir des dépêches nombreuses, ou bien ne profite pas de l'électricité, s'il s'agit des intérêts du public.

Les lettres d'amour et j'ajouterai les lettres affectueuses, un grand nombre de lettres d'affaires domestiques, enfin tout ce qui a besoin d'être confidentiel renonce à l'emploi du télégraphe ; beaucoup de communications où il est question d'argent, cherchent des formes plus obscures encore dans l'obscurité même du langage électrique, car il y a la pudeur de l'argent, ce qui amène des erreurs et des quiproquos [1].

Il faudra donc arriver à admettre que la correspondance privée par le télégraphe doit présenter au public les mêmes avantages et les mêmes garanties que les correspondances par la poste.

Donc, je reprends mon vœu : Si on pouvait écrire confidentiellement par le télégraphe,

Et, si j'étais riche,

J'aimerais à avoir de temps en temps avec les objets éloignés d'une affection du cœur, non pas des correspondances, mais des conversations.

---

[1] Mon vœu va, dit-on, être accompli : l'administration sera forcée d'accepter les dépêches en chiffres.

Première dépêche (réponse payée) :

« Pouvez-vous aller au bureau du télégraphe demain à telle heure? C'est le moment où les dépêches sont le moins fréquentes. »

Réponse :

« Oui. »

Deuxième dépêche, le lendemain (réponse payée) :

« Êtes-vous là ? »

Réponse :

« J'y suis. »

Et alors, les dépêches toutes payées par moi pendant une heure ou deux, se croiseraient avec la rapidité et presque avec le contact de la conversation.

Toujours à condition qu'un chiffre convenu et bien étudié laissât à cette conversation son allure confidentielle, toujours à condition que je fusse riche.

A un pseudonyme :

Un faux nom, pour frapper sans danger sa victime !
Il vous celait bien mieux, votre nom anonyme.
Un faux nom ! quel orgueil ! mais c'est adroit, ça fait
Croire aux gens innocents que l'on en cache un vrai.

J'ai reconnu l'auteur de cette honnête prose :
C'est *machin* se cachant sous le faux nom de... *chose*,
Un inconnu gardant un strict incognito,
    Personne sous un personnage,
    Pas de corps dans un domino,
    Un masque sur pas de visage.

En ce moment, les divers États de l'Europe s'occupent de deux choses et s'en occupent simultanément :

Prendre des mesures contre le choléra et perfectionner les engins de guerre.

Ils craignent que la peste ne leur escamote des morts.

Du temps des guerres du premier Empire,

un soldat disait, en parlant de Bernadotte : « Il a passé roi.

Comme si le titre de roi était un des grades de l'armée française : *général de brigade, général de division, maréchal de France, roi.*

Époque un moment brillante, à un certain point du vue, mais époque désastreuse, époque ruineuse, et qui, espérons-le, ne reviendra jamais, pour la France.

XVII

LE CONCILE D'EPHÈSE

Virgile nous a raconté l'histoire d'un mo cheron vertueux.

Lucien a fait, dit-on, l'éloge de la mouch Je ne me le rappelle pas. Toujours est-il que personne ne serait tenté de chanter en cette saison les louanges des mouches, moucherons, cousins, moustiques, etc., etc.

Permettez-moi d'excepter les guêpes, bonnes bêtes, sorte de bêtes à bon Dieu, douces, sensibles, dressées et disciplinées par moi à n'attaquer que la méchanceté et la sottise, et qui font même à l'occasion un peu de miel. Nous vivons à une époque réellement très-inférieure aux époques précédentes; plus de prodiges, plus de miracles, sinon quelques-uns très-pâles que la malveillance encore s'empresse de contester.

Les mouches et les cousins nous tourmentent, nous agacent, nous irritent.

Il y avait autrefois des asiles que les mouches respectaient; les mouches, dit Pline, n'entraient pas dans le temple d'Hercule.

Un autre ancien affirme qu'on ne voyait aucune mouche dans le lieu où l'on célébrait les jeux olympiques. Virgile, non pas le poëte, je pense, mais peut-être Polydore Virgile, avait fabriqué une mouche d'airain qui, pendant les huit années qu'elle demeura attachée à une des portes de Naples empêcha qu'aucune mouche y pût entrer, et c'est une chose dont vous pourrez facilement avoir la preuve : allez à Naples, vous n'y voyez plus la mouche d'airain, mais aussi vous êtes déchiqueté par les moustiques.

Et, d'ailleurs, on savait autrefois à qui s'adresser quand les mouches vous tourmentaient.

Pline raconte que les Cyrénéens tracassés par les mouches n'avaient qu'à faire un sacrifice au dieu *Achor*, et que les mouches mouraient à l'instant.

Protinus intereunt.

Les Grecs avait un dieu spécialement occupé de chasser les mouches dans l'Olympe, comme l'indique son nom de *Myagre*, et l'on obtenait quelquefois que ce dieu voulût bien protéger les mortels.

Dans les origines d'Israël, ce n'est sans doute

pas pour rien qu'on appelait un des démons roi des mouches, Baal-Zebub, Beelzébuth, nom qui avait d'abord appartenu à un dieu des Accaronites.

Certaines personnes sont quelquefois arrêtées dans certaines lectures par la crainte de l'ennui, du solennel, du trop sérieux. Combien de réputations autrefois et aujourd'hui sont dues à cette crainte respectueuse, presque religieuse, de l'ennui qui tyrannise ce peuple français dont j'ai l'honneur de faire partie !

Il existe plusieurs temples élevés à cette redoutable divinité ; seulement, on ne l'y adore pas sous son vrai nom, mais sous ceux d'*instituts*, d'académies, etc., par la même raison et la même crainte que les anciens appelaient les Furies *Euménides* (bienveillantes), pour ne pas les offenser en leur donnant leur nom de Furies, comme on appelle héros, conquérants, cueilleurs de palmes, moissonneurs de lauriers, etc., des gens, généralement de jeunes princes, dressés dès leur plus bas âge à l'homicide, et persuadés que la plus grande gloire qu'il soit permis à un homme d'atteindre est d'incendier les villes, de ravager les campagnes, de mutiler des hommes et d'en tuer le plus grand nombre possible, sous prétexte de mettre sous leur gouvernement paternel quelqu'un de ces malheureux pays frontières destinés à appartenir toujours à celui qui leur fait le plus de mal et que tour à tour le plus fort des deux États voisins s'annexe en le déclarant sa « frontière naturelle ».

Eh ! malheureux, disait un sage, dont j'ai oublié le nom, aux héros et conquérants de son temps, pourquoi étendre votre domination ? Au lieu d'agrandir votre pays en largeur, agrandissez-le en hauteur. Élevez les sciences, les arts, l'industrie, élevez surtout la liberté et rendez la vie facile.

Revenons à l'ennui.

Je disais donc qu'un grand nombre d'ouvrages, profondément ennuyeux, ont valu à leurs auteurs une gloire indiscutée qui a traversé les âges, et qu'il y en a de notre temps qui ont et qui auront la même fortune, tant il est plus facile de les admirer que de les lire.

Cependant, il est des sujets sérieux en apparence qui, sous un masque rébarbatif, cachent un visage bouffon. J'ai dû, il y a quelque temps pour un travail qui ne paraîtra pas ici, *n'ayez pas peur*, lire les *Annales des conciles* et j'y ai trouvé autant de choses gaies qu'il puisse y en avoir dans un livre.

Deux exemples :

L'an 250, il y eut un concile en Achaïe contre les Valésiens, qui enseignaient que l'homme ne pouvait être sauvé s'il n'était eunuque. Vilaine hérésie qui s'appellerait plutôt une secte.

Un autre concile, bien composé à la première vue, c'est le concile d'Éphèse, en 449 ; il y avait parmi les assistants plusieurs saints dont les noms figurent dans les Almanachs ; l'empereur Théodose le Petit, fils de Théodose le Grand, en fixa la date, et le pape saint Léon y envoya des légats.

On y comptait cent trente-cinq évêques, entre autres saint Flavien ; mais il y a deux saint Flavien : l'un mourut en 404, il n'est que simple saint.

Celui qui assistait au concile d'Éphèse est saint et martyr... Nous allons voir comment ; l'Église l'honore le 17 février.

Le but du concile ordonné par Théodose était celui-ci : dans un concile précédent, celui de Constantinople, quelques mois auparavant, *Eusèbe de Dorylée*, avait accusé publiquement Eutychès, archimandrite, de prononcer des blasphèmes contre Jésus-Christ ; ces blasphèmes consistaient en ceci ; Eutychès avait dit : « Dieu me garde de dire que Jésus-Christ est de deux natures ou de me permettre de raisonner sur la nature de mon Dieu. »

La seconde partie au moins de ce propos, qui

nous semble sensée, était alors criminelle, et saint Flavien prononça contre Eutychès une excommunication dont voici le texte littéral :

« Eutychès, jadis prêtre et archimandrite, est pleinement convaincu, et par ses actions et par ses déclarations présentes, d'être dans l'erreur d'*Apollinaire* et de *Valentin*, d'autant plus qu'il n'a pas eu égard même à nos avis et à nos instructions pour recevoir la sainte doctrine.

» C'est pourquoi, *pleurant et gémissant* sur sa perte totale, nous déclarons, *de la part de Jésus-Christ* qu'il a blasphémé, qu'il est privé de tout rang sacerdotal, de notre communion et du gouvernement de son monastère, faisant savoir à tous ceux qui lui parleront ou le fréquenteront ci-après, qu'ils seront eux-mêmes soumis à l'excommunication.

Pleurant et gémissant était une formule consacrée ; *de la part de Jésus-Christ* en était une autre.

On retrouve également dans l'excommunication de Nestorius, qui, lui, prétendait voir « deux personnes en Jésus-Christ », et à laquelle prit part *saint Cyrille* « que ce n'était qu'après avoir beaucoup pleuré » qu'on dégradait Nestorius également « de la part de Jésus-Christ ».

C'était à la demande d'Eutychès appelant de l'excommunication de saint Flavien, que Théodose le Petit avait convoqué ce troisième concile d'Éphèse.

Lorsqu'on lut le passage du concile précédent où Eusèbe de Dorylée exigeait d'Eutychès, qu'il *confessât deux natures et que Jésus-Christ nous est consubstantiel selon la chair*, le concile (plusieurs saints et cent trente-cinq évêques) s'écria : « Otez, brûlez Eusèbe ! qu'il soit brûlé vif ! qu'il soit mis en deux ! comme il a divisé, qu'on le divise ! » (Textuel.)

Et chacun cria : « Anathème à qui admet deux natures ! » Eutychès fut rétabli dans sa dignité de prêtre et dans la conduite de son monastère.

Saint Flavien et Eusèbe furent déposés; tous les assistants (plusieurs saints et cent trente-cinq évêques), à l'exception des trois légats du pape, donnèrent leur approbation.

Puis les saints et les évêques se ruèrent sur Eusèbe et sur saint Flavien et les rouèrent de coups.

Saint Flavien mourut quelques jours après des coups de pied qu'il avait reçus (*sic*) (plusieurs saints et cent trente-cinq évêques).

Ce *rébus* tragique n'était pas terminé, et on s'en occupa dans plusieurs conciles successifs; il y eut encore de grands troubles parce que le pape saint Léon disait que Jésus-Christ *était* EN *deux natures*, tandis qu'un certain texte grec disait « DE deux natures ».

Ajoutons, pour tout dire, car ne pas tout dire n'est pas dire la vérité, que ce concile est mal vu par l'Église et qu'on l'appelle *latrocinium Ephesinum*; cependant, quelle autorité oppose-t-on à celle de cent trente-cinq évêques dont plusieurs saints? et alors comment s'y reconnaître?

C'est égal, j'aimerais voir le troisième concile d'Éphèse dessiné par Daumier.

XVIII

LE CHANT DES ZOUAVES

En 1830, Auguste Barbier publia dans une Revue une sorte de dithyrambe sur la liberté. C'était tout simplement la paraphrase d'un mot célèbre d'un des personnages de la révolution française. Auguste Barbier, homme de mœurs douces et d'un naturel débonnaire, avait voulu faire et avait fait une chose purement littéraire; d'ailleurs, le sujet qu'il traitait était logique et en même temps métaphorique : il s'agissait de *li-*

berté et de la *Liberté*. Le peuple opprimé a tous les droits contre ses oppresseurs ; la liberté est une figure allégorique et un symbole qui adoucit nécessairement les images.

C'est ainsi que les commentateurs ont usé de cet artifice littéraire pour expliquer le fameux *Cantique des cantiques*.

Ce qui frappa surtout dans la pièce de vers d'Auguste Barbier, c'est une énergie non sauvage, mais populaire.

Ces vers reproduisaient les expressions mal vêtues qui entraient pour la première fois dans l'hexamètre, à la façon dont le peuple des faubourgs entrait aux Tuileries.

Naturellement, les imitateurs ne manquèrent pas ; on se mit à faire du rude, du *voyou*, comme à d'autres époques on a fait du bucolique et du pastoral, d'après Berquin et Florian.

Dans un genre tout différent, l'auteur des *Bœufs* et du *Raisin*, Pierre Dupont, fit, lui, du bucolique réel : il affecta de se servir du mot propre, même si ce mot *propre* était *bouse* ou *fumier*, comme ses prédécesseurs avaient affecté de l'éluder.

De la combinaison de la manière de Barbier et celle de Dupont, M. G. Mathieu s'est composé une manière à lui qui lui a inspiré quelques chants où, à travers beaucoup d'affectation et de préméditation, on a remarqué avec raison quelques idées et surtout quelques formes heureuses.

Mais voici que j'ai reçu, sur la dernière page d'un journal, une romance illustrée de deux gravures. Voici quelques-unes des gentilles paroles destinées à être chantées avec accompagnement de piano ou de guitare. Cela s'appelle, je crois, *le Chant* ou *le Cri des Zouaves*.

<blockquote>
La poudre a parlé ; les clairons au vent
Sonnent la charge et la victoire.
La baïonnette a soif... elle demande à boire...
En avant ! en avant ! zouaves, en avant !...
</blockquote>

En les voyant passer, on sent

Qu'ils n'ont pas *peur* de teindre l'herbe

De la belle couleur du sang,

Ces prompts soldats au front superbe !

Ils vont droit leur *rouge* chemin,

Et, quand le fer est *las de boire,*

A coups de crosse et haut la main,

Ils *brutalisent* la Victoire !

Allez-y, terribles enfants,

Petits bien chaussés, soyez dignes !

Mourez, ou rentrez triomphants,

Mais ne saccagez pas les vignes...

Il faut laisser aux vrais buveurs,

Qui n'ont pas perdu l'espérance

Et la foi dans les temps meilleurs,

De quoi boire à leur délivrance.

Puis cela finit par le refrain qui, écrit trois fois, se trouve être répété six fois, en vertu du *bis*.

La poudre a parlé ; les clairons au vent
    Sonnent la charge et la victoire.
La baïonnette a soif... elle demande à boire...
En avant ! en avant ! zouaves, en avant (*bis*) !

Deux images *illustrent* cette romance. Celle qui orne le titre et qui est de plus grande dimension que ne sont d'ordinaire les troubadours ou les châtelaines que nous sommes accoutumés à voir sur les pianos au frontispice de ce genre de littérature, représente, au premier et au second plan, deux zouaves : chacun des deux a un Autrichien étendu à ses pieds; celui du second plan enfonce à son ennemi vaincu la baïonnette dans le visage.

Celui du premier plan tient le pied sur la gorge d'un soldat abattu qui demande grâce; il va lui briser la tête d'un coup de crosse de fusil. Encore un instant et il va réduire en bouillie de cervelle et de sang la tête d'une créature humaine, d'un vaincu qui demande grâce !

Cette agréable image est signée de deux noms célèbres : l'un est sans doute le dessinateur, l'autre le graveur. Le premier nom est Sand : serait-ce M. Maurice Sand, le fils de l'auteur de *la Mare au Diable?* Si c'est lui, je le dirai à sa maman. L'autre est-il un descendant de Rouget de l'Isle ?

Il faut dire cependant que M. Mathieu n'a pas eu plus d'intention d'insulter les zouaves, que de faire une chanson féroce, sauvage, absurde ; c'est *de la manière*, c'est *du genre*, et ce n'est pas autre chose. M. Mathieu, que j'ai eu l'honneur de rencontrer une fois ou deux, et qui a habité, dit-on, quelque temps mon ermitage de Sainte-Adresse, est un homme qui m'a paru doux et bienveillant, mais qui *pose* pour l'énergie ; *indè iræ*, de là ces colères factices et un peu ridicules.

Supposons que le Dieu que l'on appelle, sans son consentement bien authentique, le Dieu des armées, et que l'on invoque dans les deux camps, prenne plus visiblement qu'il ne le fait parti pour la bonne cause ; il dépendrait de sa toute-puissance qu'il n'y eût de tués et de blessés que de l'autre côté. Alors encore, il faudrait s'affliger de ce que la manifestation de la vérité, de ce que le rétablissement des droits les plus sacrés exige, dans les tristes conditions de la société humaine, le massacre de tant de pauvres gens qui personnellement n'ont d'autre crime à se reprocher que de porter, bien malgré eux pour la plupart, un habit blanc, quand les soldats de la vérité ont des habits bleus.

Ils meurent pour des fautes dont ils ne partagent que la punition.

Ce sont toujours les peuples qui payent les folies des rois.

Quidquid delirant reges plectuntur Achivi.

Ces *ennemis* ont, comme nos soldats, des pères, des mères, des frères, des sœurs, des fiancées qui passent les nuits dans les pleurs et la prière.

C'est de la pitié qu'ils méritent ; gardez la haine pour les chefs indignes des nations, contre les prétendus homme d'État qui les obligent à combattre contre la liberté, contre le droit, contre le progrès, contre l'humanité ; mais encore il n'en est pas ainsi : la Providence ne manifeste sa protection, dont doutait Turenne, que par une différence plus ou moins forte dans le nombre des tués et des blessés.

Il faut donc penser qu'il y a aussi des Français dont on brise la tête, dont le sang rougit la terre, que les chevaux foulent aux pieds ; que la guerre est une bien assez terrible et ridicule chose, sans que les Tyrtées de la *Brasserie des Martyrs* ou du *Divan le Peletier* essayent de la mettre à ce diapason de Peau-Rouge et d'anthropophage. Videz tranquillement vos chopes, roulez placidement vos cigarettes, et jouez à autre chose, aux dominos, par exemple. On comprend que des soldats enivrés par le bruit du tambour, du clairon, de la mitraille, par l'odeur de la poudre, par l'instinct de leur conservation, par l'enthousiasme du danger, par l'orgueil de la victoire, frappent et tuent ceux qui, vis-à-vis d'eux, sont conduits et mus par les mêmes enivrements. Mais ces odes, ces poésies datées de Paris, écrites à trois cents lieues de la guerre, ne se peuvent sauver de l'odieux que par le ridicule, et leurs auteurs doivent des remercîments sincères à ceux qui prennent la peine de prouver qu'elles sont ridicules.

. . . .

La reine Stéphanie de Portugal vient de mourir presque subitement; elle avait à peine, je crois, vingt-deux ou vingt-trois ans.

C'est un triste sort, en général, que celui des filles de rois : elles n'ont jamais même un rêve d'amour. Si elles connaissent le sort des petites bourgeoises et des couturières qui les regardent passer en disant : « Est-elle heureuse! » elles doivent singulièrement les envier.

En général, elles servent d'appoint aux transactions politiques; on les livre comme des choses ; elles n'ont le droit d'avoir ni une famille ni une patrie. L'ennemi d'hier, auquel on donne sa fille comme rançon pour avoir la paix, peut redevenir l'ennemi de demain, et la pauvre fille se trouve dans la situation des Sabines : son père et ses frères se battent contre son mari et ses enfants.

Elles n'ont le droit de se rappeler ni leur enfance, ni leurs affections, ni les champs où leurs premièrs années ont fleuri avec les bleuets. Ce serait un crime contre leur nouvelle patrie. Il est un homme que, chez leur père, elles ont entendu haïr, mépriser, maudire ; qu'elles ont appris à considérer comme un traître, un barbare, un lâche, un brigand.

Mais la paix est faite ; on se partage les provinces ravagées ; puis, par-dessus le marché, l'homme en question dit : « Si vous me donniez votre fille ! »

On prend la fille, on la livre à cet homme, qu'elle n'aimera pas, qui ne l'aime pas davantage ; elle n'est pas une femme, elle est de la politique. « Est-il jeune ? demande-t-elle ; est-il beau ? est-il brave ? « On ne lui répondra pas, ou plutôt, comme elle est bien élevée, elle ne demandera rien, ça ne la regarde pas. — Napoléon Ier et Marie-Louise.

Un grand hasard avait fait une exception en faveur de cette jeune reine Stéphanie : son mari, jeune comme elle, l'avait choisie et l'adorait.

Mais ces pauvres filles de rois sont les victimes expiatoires, le bonheur ne leur est pas permis. La reine Stéphanie est morte en deux jours. — Cependant, elle a vu son mari désespéré comme un bourgeois ; elle a eu un bonheur court, mais elle a eu un bonheur défendu aux princesses.

Iphigénie au moins était sacrifiée à un dieu !

Le *Dictionnaire des Contemporains* est un trop gros livre pour qu'il puisse se permettre les allures du pamphlet ou de l'article de journal ; j'ajouterai que M. Vapereau, par lequel MM. Hachette ont fait exécuter cet ouvrage de patience, me paraît peu propre à prendre les allures vives et lestes qui conviendraient à ces deux genres, qui demandent des guerriers alertes et bien chaussés, *Euknemides Achaioi,* comme dit Homère des Grecs.

Avant de parcourir le *Dictionnaires des Contemporains,* j'aurais dit volontiers :

Il n'est pas un homme au monde qui puisse se vanter d'avoir une opinion sur tous ceux qui vivent en même temps que lui sur la surface de la terre. Et, cet homme existât-il, il n'aurait pas l'audace d'émettre cette opinion.

Je me trompais : MM. Hachette ont trouvé cet homme, et cet homme est M. Vapereau. Eh bien, quelle que soit l'autorité qu'apporte M. Vapereau dans ses jugements, je pense que, sur ce point, il a complétement manqué l'ouvrage qui, au lieu d'être le *Dictionnaire des Contemporains,* se trouve être le *Dictionnaire des opinions de M. Vapereau* sur ceux qui ont l'honneur de vivre en même temps que lui.

Sérieusement parlant, j'appelle l'attention de MM. Hachette sur ce point que je résume ainsi :

Le *Dictionnaire des Contemporains* doit émettre des faits et non des appréciations et des jugements.

Il y a bien cinq ou six mois que j'ai lu l'article qui me concerne.

Jusqu'ici, je n'ai ni fait ni envoyé aucunes corrections à MM. Hachette ; peut-être même en l'aurais-je jamais fait : l'article, quoique renfermant quelques inexactitudes, quoique d'un ton général peu bienveillant, n'avait rien qui pût m'émouvoir.

Mais il n'en est pas ainsi de quelques lignes que je viens de trouver dans l'article d'Alexandre Dumas.

Ces lignes m'obligent à prendre la plume, et, pendant que je la tiens, il n'est pas impossible que je relève quelques erreurs peu importantes dans mon article à moi.

Commençons par Alexandre Dumas.

Je lis à la page 577 :

« MM. Alph. Karr (*Sur le mercantilisme littéraire*, brochure in-8°, 1845) et Eugène de Mirecourt (*Fabrique de Romans, Maison A. Dumas et Cie*, in-8°, 1845) ont appelé ou fait la lumière sur les secrets d'une pareille production. » etc.

Il paraîtra bizarre à beaucoup de gens que je me trouve accolé à M. Eugène de Mirecourt, avec lequel je n'ai eu d'autres rapports que pour le houspiller avec une certaine sévérité, une fois pour mon compte, et une autre fois pour le compte du même A. Dumas, et cela, précisément cette même année 1845, à propos de la publication de cette même et odieuse brochure, *Fabrique de Romans*, à l'occasion de laquelle je révélai au public que le prétendu Eugène de Mirecourt, qui accusait Dumas de se faire indûment appeler marquis de la Pailleterie, se nommait, lui, tout simplement Jacquot ; de telle sorte qu'il a aujourd'hui deux parrains, lui d'abord, qui s'obstine à s'appeler de Mirecourt, et moi, qui lui ai restitué son véritable et patronymique nom de Jacquot, que le public lui conserve dans le très-petit nombre de cas où un scandale vient éveiller l'attention sur son infime personne.

M. Vapereau m'obligerait infiniment en me disant sur quoi il se fonde pour m'attribuer la susdite brochure qui m'est complétement inconnue.

Je rappelerai à M. Vapereau que je n'ai jamais écrit une ligne sans la signer.

Que dirai-je sur mon article ? Que je suis né le 24 novembre et non le 4, que je crois m'appeler Jean et non pas Jean-Baptiste, que je n'ai pas seulement *d'abord*, mais *toujours* vécu *modestement*, que le roman de *Sous les tilleuls* n'a jamais été écrit en vers ; tout cela est bien peu important.

Que *les Guêpes* ne sont jamais devenues « *les Guêpes* à la Bourse ; » que ce n'est pas seulement un dahlia, mais trois rosiers, un phlox, etc., auxquels des jardiniers comme Portemer, Van-

Houte, Schmitt, etc., m'ont fait l'honneur de donner mon nom; que je ne publie nullement à Nice un journal intitulé : *Nice, ses Plaisirs et ses Agréments;* que je n'ai pas prétendu faire mon portrait dans l'Horticulteur des *Français peints par eux-mêmes, etc.;* toutes très-petites inexactitudes indifférentes qui ne valaient pas la peine d'être relevées, et dont je n'aurais probablement jamais parlé sans la brochure in-8° en question, que je nie complétement.

XIX

LES SAINTS

I

Un assez grand nombre de membres du clergé français ont compris qu'il était prudent d'abandonner tout doucement le dogme et ses puériles subtilités et de le remplacer par la morale; quelques-uns plus ambitieux y ajoutent la politique.

Aux habiles il n'a pas échappé que le reste de leur puissance est fondé sur l'indifférence publique. En effet, les tentatives d'un nouveau dogme faites il y a quelques années n'ont pas pu faire même un seul hérétique ; on n'a pas discuté l'*immaculée conception*, on a dit : « Ça m'est égal ! »

J'ai assisté, il y a quelques années, aux premiers pas dans la vie d'une enfant très-intelligente. Comme personne dans la maison n'avait le courage d'assumer les sévérités, on avait cru devoir lui parler d'une sorte de croquemitaine appelé M. le Vent, auquel elle faisait envoyer clandestinement par sa bonne les cigares de son père, pour l'apaiser ou le corrompre, quand sa conscience enfantine lui faisait redouter les rafales de la colère de ce personnage. — Je suppose que ce nom de

M. le Vent était fondé sur ceci que la scène se passait au bord de la mer, où le vent est un objet de préoccupations perpétuelles.

Quelquefois je blâmais un peu, en dedans, ce mensonge fait à l'enfant, et je me disais : « Lui laissera-t-on cette peur ? lui avouera-t-on qu'on qu'on a menti ? »

On ne fit ni l'un ni l'autre : par un instinct admirable, la mère et les bonnes cessèrent tout doucement de parler de *M. le Vent*, un peu avant le moment où l'enfant aurait cessé d'y croire.

Il en est de même des peuples. Leurs conducteurs plus ou moins autorisés doivent abandonner à temps les contes et les mythologies variées avec lesquels ils les ont menés dans leur enfance, sous peine de perdre leur pouvoir.

Je remarquais avec plaisir, il y a quelque temps, qu'aucun prêtre, qu'aucun curé de campagne même, ne parlait plus du diable, qu'on s'abstenait de détails biographiques et descriptifs sur Satan, sur ses cornes, sur sa queue, et de renseignements topographiques sur son empire.

A tel point que, dernièrement, un évêque, de ceux qui entrent le plus souvent en feuilleton, ne pouvant se decider à l'abandon et à la perte de quelques métaphores qu'il trouvait réussies, de quelques tropes qui lui semblaient heureux à propos dudit Satan, et n'osant cependant mettre en scène le personnage, appliqua tout simplement ses tropes et ses métaphores à Garibaldi.

Il en est de même des saints, dont on s'est plu à nous entretenir depuis quelque temps : béatification par-ci, canonisation par-là.

D'abord j'ai fait semblant de ne pas entendre, puis ça m'a agacé, et j'ai fini par dire :

— Ah ! vous voulez absolument parler de la canonisation, de la béatification et des saints, parlons donc de la canonisation, de la béatification et des saints.

Et j'en parle.

La première canonisation authentique faite par un pape est celle d'Uldaric, évêque d'Augsbourg, que le pape Jean XV mit au nombre des saints, *à la prière de Luitolphe, un des successeurs d'Uldaric*, l'an 993.

Je trouve cette date et ce chiffre dans l'ouvrage de Benoît XIV sur la canonisation, qui n'est pas d'accord avec la liste chronologique des papes, de Bouillet, qui sans doute se trompe, car je trouve également dans le recueil des conciles qu'en effet Jean XV signa la bulle de canonisation d'Uldaric avec cinq évêques, neuf prêtres cardinaux et trois diacres, le 31 janvier 993.

Les saints promulgués antérieurement par de simples évêques jouissent du bénéfice de la prescription.

C'est Alexandre III qui le premier réserva décidément aux papes le droit d'élection des saints.

« N'ayez pas, dit-il dans une de ses décrétales, la présomption de décerner à un homme un culte religieux ; quand il aurait fait une multitude de miracles, il ne vous est pas permis de l'honorer sans l'agrément de l'Église romaine. »

D'abord, on attendit la célébration d'un concile pour les canonisations. Mais cette coutume, qui a eu longtemps force de loi, est tombée en désuétude.

Voici en quoi consistent les avantages de la canonisation pour ceux qui en sont les objets.

Ces avantages sont au nombre de sept :

« 1° Les noms des saints canonisés sont inscrits dans les calendriers ecclésiastiques et les litanies ; 2° on les invoque publiquement dans les prières et dans les offices solennels ; 3° on dédie sous leur invocation des temples et des autels ; 4° on offre en leur honneur le sacrifice du corps et du sang de Jésus-Christ ; 5° on célèbre le jour de leur fête, c'est-à-dire l'anniversaire de leur mort ; 6° on expose leurs images dans les églises, et ils y sont représentés la tête environnée d'une couronne de lumière appelée auréole; 7° enfin leurs reliques sont offertes à la vénération des peuples et portées avec pompe dans les processions. (BEAUDEAU, chanoine régulier.)

« La béatification n'est qu'une sorte de permission provisoire. » (*Idem.*)

Tous ces honneurs accordés aux saints me paraissent purement humains et terrestres.

Je ne trouve nulle part de solution aux doutes que voici :

Le pape nomme-t-il tel ou tel bienheureux ou saint, comme un empereur peut nommer tel ou tel soldat caporal ou maréchal de France?

Cette nomination est-elle ratifiée par Dieu, et a-t-elle son effet au ciel?

« Saint Pierre laissera entrer, et Dieu recevra avec affabilité le nommé *** ».

Le canonisé prend-il son rang dans le ciel et jouit-il des priviléges célestes y attachés?

Ou le pape, instruit par le Saint-Esprit, ne fait-il que révéler officiellement ce qui a été décidé dans le ciel, comme *le Moniteur* donne les noms des décorés le 15 août et le 31 décembre ?

Les premiers saints furent nommés assez légèrement, de l'aveu de Benoît XIV. A l'occasion d'un concile général, on lisait la vie du serviteur de Dieu, on y ajoutait les dépositions des témoins sur ses miracles, et le synode décidait s'il devait être mis au rang des bienheureux.

« Le simple rapport et les instances d'un prince, d'un prélat, suffisaient pour introduire une cause de canonisation en cour de Rome. »

Les papes (dit le chanoine Beaudeau) crurent devoir prendre des précautions plus rigoureuses.

Ces formalités ont été encore fort augmentées depuis, ayant été reconnues insuffisantes, et quelques passe-droits ayant été constatés.

J'en citerai un exemple, et je l'emprunterai au pape Benoît XIV.

Saint Martin, de son vivant évêque de Tours, dut décanoniser, vers l'an 380, un saint dont le tombeau, dans le voisinage de Tours, était l'objet d'une dévotion extrême; plusieurs évêques y avaient consacré un autel.

Une enquête faite par saint Martin fit découvrir que le prétendu saint était un brigand supplicié pour ses crimes. L'évêque de Tours, qui aspirait lui-même à la canonisation, et qui, en effet, est honoré par l'Église romaine le 11 novembre, ne voulait pas s'exposer à se trouver au ciel et au calendrier en mauvaise compagnie.

Arrivons rapidement aux formalités en usage aujourd'hui.

Faisons cependant incidemment une remarque sur les papes.

Les trente-six premiers papes sont saints.

Félix II est le premier qui ne le soit pas; il faut dire que c'était un pape provisoire et postiche.

Après lui viennent quinze saints, dont saint

Anastase II est le dernier, après lequel il n'y en a plus pendant près de deux siècles jusqu'à saint Martin Ier et saint Eugène. Après ces deux-là, soixante-dix-neuf n'ont pas été honorés de la canonisation jusqu'à Léon IX (pendant quatre siècles).

On compte ensuite deux siècles et demi de Léon XI à saint Benoît XI, le dernier des papes canonisés, en 1303, après lequel cette fois il n'y en a plus du tout ; d'où il ressort que le plus grand nombre des papes canonisés doivent leur sainteté aux bénéfices de la prescription, leur canonisation remontant à des époques où l'Église reconnaît elle-même qu'on canonisait légèrement. « Une tradition immémoriale, dit Benoît XIV, forme en faveur de certains bienheureux un titre de prescription qui s'appelle *canonisation équipollente.* »

« Le laps de temps avec la permission au moins tacite des puissances suffit pour les rendre légitimes, et il ne serait pas convenable de révoquer en doute leur sainteté, proclamée selon l'autorité des anciennes formules. »

(BENOIT XIV.)

De telle sorte que, si saint Martin était venu un peu plus tard, le supplicié de Tours serait définitivement au ciel, et qu'il n'y aurait pas moyen de l'en déloger.

Il me revient ici cette appréciation d'un écrivain ecclésiastique sur Alexandre VI (Borgia), un des plus grands scélérats dont l'histoire fasse mention : « Il ne fut pas tout à fait saint. » *Non admodum sanctus.*

La canonisation s'instruit aujourd'hui, dit Benoît XIV, à la façon d'une cause criminelle devant les tribunaux séculiers.

L'évêque diocésain doit d'abord examiner si l'aspirant bienheureux a été l'objet d'un culte public sans la permission de la cour de Rome; s'il en a été ainsi, d'après les décrets d'Urbain VIII (13 mars 1625), le mépris de cette loi violée par *un seul* hommage indiscret, par exemple, suspendre sur le tombeau du saint candidat une lampe allumée, suffit pour annuler toute la *procédure*

Si le saint n'a pas été compromis par des dévots trop pressés, on demande au pape qu'il nomme un cardinal rapporteur; si le saint s'est avisé d'écrire, il a peu de chances d'être canonisé (nous reviendrons sur ce point); ensuite un nouveau décret permet d'informer en détail sur chaque vertu et sur chaque miracle du saint proposé (ce qui ne doit se faire que cinquante ans après la mort de la personne préconisée).

L'approbation des vertus est décidée dans trois congrégations; après quoi, on procède à l'examen des miracles; le nombre en est fixé à deux pour la béatification.

Il y a le promoteur de la foi, qui est un avocat contre le saint; il discute et nie les vertus et les miracles. Cette plaidoirie s'appelle *doutes* sur les vertus et les miracles.

Une congrégation générale décide s'il y a lieu

de procéder à la béatification. Le pape consulte l'assemblée, et, s'il le juge à propos, approuve en écrivant de sa main ce seul mot : *Placet* (il nous plaît).

Mais la béatification n'est qu'un degré pour arriver à la canonisation ; il faut que le candidat ne se soit pas négligé et endormi dans sa béatification et ait fait deux nouveaux miracles depuis ladite béatification pour qu'on *accorde* la *reprise d'instance* pour la canonisation.

Il faut de plus que l'évêque diocésain affirme que « *la bonne odeur des vertus* et le bruit des prodiges n'a fait que croître de plus en plus depuis les dix ans écoulés après la béatification. »

Le pape désigne une église pour les cérémonies de la canonisation, c'est presque toujours la basilique du Vatican ; l'usage est établi de faire, autant que possible, plusieurs canonisations à la fois. On observe, en nommant ces nouveaux saints, dans les décrets et dans les prières les degrés de la hiérarchie ecclésiastique. Quand les saints par hasard n'appartiennent pas à l'Église, ou quand les dignités sont égales, on suit le droit de l'ancienneté.

L'appareil de la fête commence par une procession solennelle où l'on déploie pour la première fois la bannière des nouveaux saints qu'on va canoniser.

Le pape, assis sur son trône dans la basilique, reçoit les hommages ordinaires de sa cour. (Le chanoine BEAUDEAU.)

Le maître des cérémonies conduit aux pieds de Sa Sainteté le procureur de la cause et l'avocat consistorial, qui demandent la canonisation.

Alors, le *secrétaire des brefs* ordonne à l'assemblée de joindre ses prières à celles du saint-père, et on chante les litanies.

La même demande se fait une seconde fois et l'on chante l'hymne *Veni, Creator*. Enfin, après la troisième instance de l'avocat, le secrétaire déclare que telle est la volonté du pape.

Et, dans le reste de la messe, que dit le pape

lui-même, les noms des nouveaux saints sont récités avec les autres.

Le décret de canonisation est conçu en ces termes : « A la gloire de la très-sainte Trinité, pour l'exaltation de la foi catholique, etc., après une mûre délibération et de fréquentes invocations de la lumière céleste, etc., nous déclarons que tels et tels sont saints, et nous les inscrivons comme tels au catalogue des saints. »

Puis, pendant que le pape lit le *Symbole*, on fait les offrandes.

Un cardinal évêque présente deux cierges ; il est accompagné d'un orateur qui porte un cierge d'une main et de l'autre une corbeille dorée qui renferme deux tourterelles.

Un cardinal prêtre offre deux grands pains, l'un argenté, l'autre doré ; l'orateur qui le sui porte un cierge et deux pigeons blancs dans une corbeille argentée.

Un cardinal diacre apporte deux barils pleins de vin, l'un doré, l'autre argenté ; l'orateur offre un cierge et une corbeille peinte pleine de petits oiseaux de toute espèce.

Passons au quart d'heure de Rabelais, c'est-à-dire à ce qu'il en coûte pour être canonisé, car il est bon d'avertir les jeunes gens auxquels l'encombrement de toutes les professions pourrait donner l'idée de se jeter dans cette carrière.

Le chanoine Beaudeau, qui a publié en 1758 l'analyse du livre de Benoît XIV sur les béatifications et canonisations, dit :

« Avec tant de formalités et de procédures juridiques, il serait impossible de parvenir sans frais à la canonisation d'un saint. Les dépenses sont grandes ; il faut en convenir, *mais c'est un frein nécessaire pour réprimer mille demandes indiscrètes dont l'Église romaine serait accablée.* »

En effet, le calendrier et le ciel seraient encombrés d'un tas de mendiants et de va-nu-pieds sans le sou.

« Dans les informations, les salaires des notaires greffiers sont taxés par chaque feuille de *grosse*, et on en règle jusqu'au nombre de lignes, de mots et de syllabes. Le promoteur pensionné par le pape a, de plus, pour son honoraire un ducat d'or par chaque séance. Les procureurs, les avocats consistoriaux et les imprimeurs sont taxés de même. Le sous-promoteur a pareillement sa rétribution fixe de trente ducats par chaque *doute*. »

Toutes ces dépenses, encore énormes, ont cependant été diminuées. Autrefois, les cardinaux et les consulteurs recevaient des présents; aujourd'hui, si rien n'est changé depuis la fin du règne de Louis XV et de celui de Benoît XIV :

Ils reçoivent seulement un portrait du saint, et on leur fournit en argent la *chape de camelot rouge*, qui leur était donnée autrefois en nature ; on leur fournit aussi le rochet, le surplis, ainsi que les livrées aux autres prélats, officiers et domestiques de la cour du pape.

On donne à la sacristie du Vatican cinq cents

ducats pour une *béatification,* mille pour une *canonisation,* des présents aux *avocats consistoriaux,* aux *secrétaires* des brefs et à d'*autres* (textuel).

Il faut payer les tapisseries, les échafauds et les peintures dont l'église est ornée le jour de la fête.

Les *principales vertus* et les *miracles les plus éclatants* y sont représentés ! les tableaux sont dévolus au chapitre du Vatican, de même que tous les restes d'une *multitude infinie* (textuel) *de bougies qu'il faut prodiguer* pour l'embellissement de la basilique.

On fournit encore tous les ornements qui servent à la messe pontificale ; *ils doivent être précieux.*

« Enfin on orne *splendidement* la *confession des saints apôtres.*

» *La pompe d'un si beau jour exige qu'on répande l'or et l'argent à pleines mains.*

» D'ailleurs, dit le chanoine, il faut plusieurs

années de procédure qui précèdent le jugement définitif : les travaux de ceux qu'on emploie pour le dresser méritent *une honnête récompense.* »

Voici un aperçu de quelques-uns des frais taxés par la cour de Rome; il ne faut pas oublier que le scudo, écu romain, équivaut à 5 francs 35 centimes de notre monnaie :

1° Pour l'inventaire général de *toute* la procédure, on doit 4 *scudi* par chaque centaine de feuillets de grosse (la ligne de seize syllabes);

2° Pour les premières écritures qui se font dans chaque *doute* de *vertus* et de *miracles*, 20 scudi.

3° Pour chaque réponse à ces mêmes *doutes*, 10 scudi ;

4° Pour les écritures d'introduction, *il est défendu de donner plus de 15 scudi.*

5° Honoraires des avocats : 10 scudi par plaidoirie; même somme aux procureurs.

6º Pour la plaidoirie devant le saint-père : 5 au procureur et 3 à l'avocat.

Le notaire inscrit les recommandations des princes :

« Le roi de*** demande par ses lettres de... l'introduction de la cause. »

Il en expédie des copies suivant la taxe.

Si la partie qui a produit une pièce originale veut la retirer, elle paye 3 *jules* pour la restitution.

Le pape Urbain VIII, par son décret du 30 juin 1631, avait défendu, de sa propre infaillibilité, l'impression des écritures; mais le pape Alexandre VII, également infaillible, par son décret du 9 avril 1661, ordonne cette impression, dont suit le tarif.

Je ne puis mieux, je crois, terminer ce très-court extrait du tarif du ciel qu'en rappelant ce mot rapporté par le poëte Jean Racine, qui n'est pas suspect d'irrévérence :

Un membre de la famille de saint Charles

Borromée disait à un jeune homme de ses parents, qui annonçait des dispositions religieuses : « Mon ami, sois honnête homme si tu peux, mais ne t'avise pas d'être saint, la canonisation de Charles a ruiné la famille. »

Voilà ce que j'avais à dire sur la béatification et la canonisation. Qu'on me permette maintenant d'émettre quelques *doutes*, pour employer le langage consacré, sur les saints, leurs vertus, leurs miracles, et les exemples qu'ils ont donnés.

II

Lorsque je vois des évêques prodiguer leur éloquence dans les journaux, je me demande si par hasard ils ignorent combien, par cela seul qu'il écrivent, ils diminuent leurs chances de jamais être mis au nombre des saints, ou s'ils préfèrent à la vie éternelle au sein des célestes félicités la vanité d'une gloire mondaine et contestée que peuvent procurer un certain nombre de phrases ampoulées.

En tout cas, je crois devoir expliquer les difficultés qu'ils affrontent, à l'usage des jeunes gens qui se destineraient à la profession de saint.

Des décrets d'Urbain VIII ordonnent une « censure scrupuleuse des moindres opuscules » des candidats à la béatification ; je ne transcrirai pas ici sept ou huit pages de l'ouvrage de Benoît XIV sur la façon d'éplucher et d'écosser chaque mot ; le moindre inconvénient qu'apporte la condition d'avoir écrit, c'est de retarder beaucoup la promulgation de la sainteté. Après plusieurs examens confiés successivement à plusieurs personnes, « le promoteur de la foi plaide contre les écrits du candidat et prend toujours le parti le plus rigide ».

« Une erreur, un système suspect par sa nouveauté, un sentiment qui choque le sentiment du commun des chrétiens, ce sont des taches ineffaçables pour lesquelles on impose un éternel silence à la cause proposée ; une protestation générale de l'écrivain avec soumission la plus sincère de toutes ses opinions à l'autorité de l'Église catholique ne peut le soustraire à cette rigoureuse loi d'exclusion. » (BENOIT XIV.)

Aussi n'a-t-il jamais été même question de canoniser ni Fénelon, ni Pascal, ni Bossuet, ni Massillon, ni Bourdaloue, ni Fléchier, ni le petit père André, et je crains fort qu'il n'en soit de même de M. Dupanloup et d'autres évêques affligés d'une si singulière incontinence d'encre.

Nous allons prendre, dans la vie des saints tirée des meilleurs et des plus fidèles auteurs catholiques, des exemples qui montreront les routes les plus certaines pour arriver au ciel.

Peut-être certains lecteurs seront-ils étonnés de voir qu'il se fait des passe-droits au ciel comme sur la terre.

Ils ont peut-être été déjà surpris de la « béatification équipollente, » de la prescription, c'est-à-dire d'un droit au ciel fondé sur un culte dès longtemps établi et qui pourrait s'appliquer au moins aussi bien à Jupiter et à Proserpine qu'à beaucoup de saints figurant au calendrier.

Ils verront souvent manquer à cette condition mentionnée dans notre premier chapitre, qu'on ne doit procéder aux premières formalités que « cinquante ans après le décès de la personne préconisée ; ce qui faisait dire horriblement à Voltaire qu'on attendait que les valets, les maîtresses et les créanciers des saints fussent morts et enterrés. »

A ce propos, il est une sorte de canonisation fort à la mode en ce temps-ci : à peine meurt-il un homme auquel s'est attachée une certaine notoriété que, s'il fait partie de quelque *corps d'état*, les compagnons avocats, les compagnons ministres, les compagnons marchands de pain d'épice proposent de lui ériger une statue. Une condition presque aussi nécessaire que celle de n'avoir rien écrit pour les saints, c'est que l'avocat, le ministre ou le marchand de pain d'épice préconisé soit né en province. Paris, en effet, se montre froid sur ce genre d'hommages ; encombré de grands hommes vivants, il n'aimerait pas à être encombré de leurs statues après leur mort.

Au premier abord, il semblerait prudent d'appliquer à cette canonisation de pierre, la règle des cinquante années d'intervalle, d'attendre la mort des spectateurs des évolutions de l'homme politique, des auditeurs des plaidoiries en tout sens de l'avocat, et des victimes de la vente à faux poids du marchand de pain d'épice ; mais, en y songeant plus sérieusement, on doit reconnaître qu'il serait à craindre que *l'odeur des vertus* ne fût complétement évaporée, que le grand homme d'un règne risquerait d'être apprécié très-différemment sous le règne suivant, et que le moins qui pourrait arriver fût que personne ne se rappelât plus que ledit grand homme a jamais existé.

Revenons aux saints du calendrier.

Le culte des images est une concession faite à la superstition et un reste du paganisme. Les païens avaient aussi au-dessous de Jupiter, de Pluton et de Neptune, les *dii minores* et les demi-dieux ; le christianisme n'a imaginé que le culte des reliques, culte contraire aux idées sur lesquelles il est fondé, à savoir le mépris de la chair et du corps, cette guenille qui sert de prison à notre âme immortelle.

Les *petits dieux* et les *demi-dieux* des anciens étaient des hommes qui avaient rendu à l'humanité quelques services signalés, ou remplissaient quelques fonctions utiles ou agréables entre le ciel et la terre. Hercule passait pour avoir purgé le monde d'un grand nombre de monstres redoutables ; — Esculape avait inventé les purgations et l'art d'arracher les dents. — On doit à Cadmus la charrue, à Perdix la scie et le compas, etc. ; — Aristée inventa l'art de faire l'huile d'olives, etc. (*Aristæus olivæ dicitur inventor.*) (CICÉRON.)

Les Hyades présidaient à la pluie. Priape gardait les jardins et faisait peur aux moineaux. Le dieu Robigus empêchait la rouille des blés, etc, etc.

Feuilletons maintenant les ouvrages de Hincmar, de Fortunat, de Surius, d'Eusèbe, de Théodoret, etc., et voyons quels services ont rendus à l'humanité les saints que nous honorons à chaque jour de l'année et dont nous sommes presque forcés de donner les noms à nos enfants.

Saint Jacques se retira sur une haute montagne et s'interdit toute nourriture cuite et l'usage de la laine. Cela fit tant de plaisir à Dieu, qu'il lui donna le don des miracles et le pouvoir de renverser à son gré ses lois éternelles.

Des jeunes filles qui lavaient à une fontaine ayant ri en voyant passer saint Jacques, il fit blanchir leurs cheveux et tarit la fontaine.

Saint Arsène se retira également sur une montagne et s'entoura de puanteur. Il gardait l'eau pour ne la boire que quand elle était corrompue. Il fuyait les femmes avec plus d'horreur que nous ne fuyons les serpents. » (RUFFIN.) « Son occupation la plus ordinaire était de lever les yeux aux ciel. » (*Idem.*) « Le poil de ses paupières était tombé à force de pleurer. » (*Idem.*)

Sainte Marane et sainte Tyre se retirèrent dans une maison sans toit ; on leur donnait à manger par une fenêtre, et on leur parlait une fois par an, le jour de la Pentecôte ; une seule, sainte Marane, répondait. Jamais elles ne causaient entre elles. Elles avaient le corps si chargé de fers, qu'elles en étaient courbées vers la terre. « C'était, dit Théodoret, un gros carcan à leur cou, une grosse chaîne en ceinture et des bracelets à leurs bras. »

Sainte Claire couchait sur la terre nue ; elle passait le lundi, le mercredi et le vendredi sans manger ; elle portait sur la peau un cilice si rude, que, la plus zélée des filles dont elle était abbesse l'ayant priée un jour de le lui prêter, elle succomba au bout de deux jours, et le lui rendit. Cela fit tant de plaisir à Dieu, qu'il lui donna le don des miracles, de sorte que le pape Alexandre IV la canonisa deux ans après sa mort (écrit par l'ordre d'Alexandre IV).

Un des actes qui, paraît-il, réjouissent le plus l'Être suprême est de voir un homme rester longtemps en haut d'une colonne.

Il y a un grand nombre de gens qui ont ainsi gagné le ciel et l'éternelle félicité. Peut-être ne devrait-on pas attendre que les conquérants fussent morts et en bronze pour les y percher ; leur pays serait peut-être moins fier, mais à coup sûr moins ruiné et plus heureux.

En effet, il y a deux saints Siméon Stylite, c'est-à-dire sur colonne. Le second, honoré sous le nom de saint Siméon Stylite le Jeune, vivait, dit l'historien ecclésiastique Évagre, sous l'empereur Maurice. Étant enfant, « il servait un anachorète qui vivait sur une colonne », et qui l'exhorta à s'en bâtir une lui-même et à y passer le reste de sa vie, ce qu'il fit pendant soixante-huit ans.

L'autre Stylite, l'inventeur des colonnes, ne mangeait que tous les dimanches, et s'était serré le corps nu avec la corde du puits de telle façon, qu'elle était entrée dans sa chair, qui s'était corrompue et exhalait une puanteur extraordinaire (textuel). Il s'éleva une colonne de quatre coudées, sur laquelle il se mit avec une chaîne au pied, puis il fit successivement élever cette colonne jusqu'à trente coudées. « Ce fut là qu'on put dire, avec saint Paul, qu'il devint un spectacle à Dieu, aux anges et aux hommes. » (THÉODORET.) Enfin, un de ses disciples monta un jour sur la colonne et le trouva mort et « exhalant une odeur admirable ».

J'aime mieux cela.

Nous honorons encore un saint Daniel Stylite, que, dit l'auteur de sa vie, « Dieu pressa instamment de demeurer sur une colonne ». Il n'est pas besoin de dire qu'il ne refusa pas à Dieu ce petit service, qui dut le combler de joie.

Sainte Radegonde ne mangeait que des herbes sans huile et sans sel ; elle se privait même d'eau, elle couchait par terre sur un tas de cendres ; elle nettoyait les souliers des religieuses, et se plaisait à balayer la maison. « Tout ce qu'il y avait de plus sale était ce qui attirait ses premiers soins ; s'il y avait quelque puanteur à laver, elle *n'avait garde de la laisser échapper* (FORTUNAT) ; un de ses plaisirs était de « faire rougir au feu des croix de cuivre, et de se les appliquer sur la peau ». (*Idem.*)

On comprend le plaisir que cela faisait à Dieu.

Saint Arnaud se creusa une fosse sous une des gouttières de l'église, et y demeura trois ans afin d'y recevoir la pluie et la neige ; il buvait de l'eau croupie, et n'en prenait jamais jusqu'à satisfaire sa soif. (Textuel.)

Saint Bernard inventa le potage de feuilles de hêtre.

Sainte Ida, veuve. L'auteur de la vie de cette sainte dit que, dans son mariage, elle garda une perpétuelle continence; cela, ajoute-t-il, devrait faire rougir ceux *qui ternissent la pureté de ce sacrement par des libertés ou plutôt par des infamies auxquelles on n'oserait penser.* (Textuel.)

Saint Victorin et saint Séverin, deux frères, vivaient ensemble d'une manière admirable, dit Baronius, mais ils se séparèrent, trouvant une imperfection dans cette amitié. (Textuel.) Victorin, cependant, ayant failli pécher, fendit un arbre, l'entr'ouvrit avec des coins, mit ses mains dans l'ouverture, et il serait mort ainsi si on ne l'eût dégagé malgré lui. On voit par là, dit l'auteur, avec quelle sainte rigueur on devrait se punir soi-même.

Saint Maurille, évêque d'Angers, ne mangeait qu'un jour sur trois. Il se privait de la quantité d'eau nécessaire pour étancher sa soif. « Il négligeait la propreté. » (Textuel.)

Saint Jean de Réammoy est surtout admiré

par son historiographe sur ce qu'il refusa opiniâtrément de voir sa mère.

Saint Hilarion ne lava jamais le sac dont il s'était fait un vêtement. (SAINT JÉRÔME.)

Saint Maxime portait un très-âpre cilice sur sa chair nue, et, quoique ce vêtement qu'il ne quittait jamais produisît beaucoup de saletés, il ne voulut jamais le laver (textuel); ce qui fit tant de plaisir à Dieu, qu'il lui fit faire plusieurs miracles pendant sa vie et après sa mort.

A la mort de sainte Tarsile, on vit que l'assiduité à la prière lui avait durci la peau des genoux et des coudes comme celles des chameaux. (Textuel.)

Saint Jean le Silencieux, qui, en effet, « passa une cinquantaine d'années sans parler », fut d'abord évêque, puis cuisinier. Quoique les bains fussent alors fort en usage, par modestie et par pudeur il n'en voulut jamais user. (Textuel.)

Saint Dunstan se fit bâtir une cellule de

deux pieds de long sur quatre pieds et demi de large, et la hauteur d'un homme ; il y avait une petite ouverture au milieu de la porte : c'est là que demeurait ce saint homme, sans en jamais sortir ; il y priait, il y chantait des psaumes ; « en un mot, il y faisait cette vie sainte qui l'a rendu si agréable à Dieu. » (Textuel.)

Saint Hospice avait le corps serré à nu de chaînes de fer qui l'attachaient dans une tour sans porte ; et, dans le carême, il se faisait apporter par des marchands des racines d'Égypte dont vivaient les solitaires de ce pays (cela devait coûter beaucoup plus cher qu'un bon dîner).

Lorsqu'il fut près de mourir, on vit que, depuis longtemps, « les vers rongeaient son corps. Aussitôt qu'il fut mort, ces vers disparurent en un moment. » (SAINT GRÉGOIRE DE TOURS.)

Saint Liphard avait horreur, dit Surius, de tout ce qui sentait la propreté et la mollesse ; il n'avait de goût que pour ce qui blessait les yeux et les sens.

Sainte Marguerite lavait les lépreux et les baisait, et disait qu'elle aimait mieux les baisers des lépreux que ceux de son mari. (L'abbé AELRÈDE.)

« Saint Onuphre a été un de ces parfaits solitaires, dit saint Paphnuce, que Dieu a cachés dans les retraites de la Thébaïde. » Saint Paphnuce, solitaire lui-même, raconte qu'un mouvement de Dieu l'ayant porté à s'enfoncer bien avant dans le désert pour voir s'il y avait quelque anachorète plus retiré que lui, il trouva saint Onuphre. « D'abord, dit-il, j'eus peur ! il n'avait pour tout vêtement que quelques feuilles, et le reste du corps était garni de poil, comme celui des bêtes. Il ne mangeait que des feuilles d'arbre.

Sainte Ēdiltrude fut mariée douze ans, et demeura « aussi vierge qu'elle l'était avant son mariage ».

Saint Bède, qui savait que « plusieurs en doutaient », ne craint pas d'assurer que « l'on ne peut être mieux informé d'une chose qu'il ne l'a été de celle-là ».

Comment ?

Saint Fulgence « ne put être amené à prendre un bain ».

Saint Julien était chef d'une sorte de couvent dont les habitants passaient leur vie de la façon que voici :

Le saint les envoyait tous les matins, deux à deux, dans la solitude; l'un des deux était à genoux et adorait Dieu ; l'autre, debout, chantait quinze psaumes, puis s'agenouillait tandis que son compagnon se levait et chantait quinze psaumes, et s'agenouillait de nouveau, et cela depuis le matin jusqu'au soir. (THÉODORET, *Vie des Pères.*)

Sainte Agnès d'un seul mot fit tomber roide mort un jeune homme qui s'était montré audacieux; mais elle lui rendit la vie à la prière de son père.

Sainte Agnès fut martyre, condamnée à être

brûlée, dit saint Ambroise ; mais les flammes refusèrent de la consumer, et le juge la fit tuer d'un coup d'épée.

Il y a au moins soixante martyrs dont on raconte la même chose, sans expliquer davantage pourquoi la puissance divine, qui les préservait des flammes ou des bêtes féroces, ne pouvait pas ou ne voulait pas les préserver du glaive.

Je citerai seulement :

Sainte Julienne, dont on raconte, sans aucune preuve et sans vraisemblance, qu'un juge ordonna de lui arracher les cheveux avec la peau de la tête.

Cela ne lui causa aucun mal.

Il ordonna de la faire rôtir dans une fournaise.

Cela lui fut indifférent.

Alors, il la fit frire dans l'huile bouillante.

Ce qui sembla la rafraîchir. (Textuel.)

Mais, lorsque ce même juge ordonna de lui trancher la tête, Dieu ne s'y opposa pas.

On maria saint Aubert et sainte Angradesme. Saint Aubert refusa net de consommer le mariage; de son côté, sainte Angradesme obtint de Dieu d'avoir le visage couvert d'ulcères. Les deux époux, alors au comble de leurs vœux et si bien d'accord, ne s'occupèrent plus que de leur salut.

Saint Benoît n'avait rien trouvé de mieux pour faire plaisir à Dieu, dit saint Grégoire, que de se rouler tout nu dans les orties.

Je vois encore sur mes notes saint Macaire, sainte Paule et deux ou trois autres.

III

Les écrivains ecclésiastiques donnent la virginité comme le plus haut point de perfection pour les deux sexes. Il se trouve un assez grand nombre de veuves néanmoins dans le calendrier; mais on a soin de faire remarquer que c'est malgré elles qu'elles ont accepté un époux; quelques-unes ont amené cet époux à ne l'être que de nom ; d'autres, comme sainte Reine, ont fait, après la mort de cet époux, une austère pénitence. L'époux de sainte Reine cependant était un homme si vertueux, que l'historien de leur vie (Molanus) déguise ce qu'il y a d'horrible dans le mariage en disant :

« Ces deux saintes âmes eurent dix filles ; » ces dix filles restèrent vierges ; ce fut une d'elles, sainte Régenfrède, qui fut abbesse du monastère de Donoue, que fonda sainte Reine, qui ne voulut pas accepter cette qualité, « ne trouvant pas séant qu'une personne qui avait subi le mariage, et dont l'âme avait produit dix enfants, eût quelque autorité sur des vierges en la compagnie desquelles il lui semblait que c'était déjà trop d'honneur pour elle de pouvoir passer sa vie. »

L'auteur ajoute à ce sujet une sévère admonestation aux veuves qui entrent en religion et qui souvent, dit-il, « portent dans ces maisons, où on leur fait la grâce de les admettre, un esprit d'autorité et cet air de commandement qui leur reste de leur première vie. Prions cette sainte veuve d'attirer cette grâce sur les communautés, que Dieu en éloigne ces veuves altières, curieuses, entreprenantes, » etc.

Témoin sainte Cunégonde, qui, veuve, ayant fait nommer sa nièce abbesse du couvent où elle s'était retirée, toujours par respect pour la supériorité de la virginité, ne poussa pas ce respect jusqu'à ne pas lui donner un soufflet, un jour que l'abbesse était en retard pour l'office. « De ce soufflet, dit l'auteur, Dieu voulut que la marque restât sur la joue de l'abbesse pendant toute sa vie. » Il paraît que sainte Cunégonde n'y allait pas de main morte.

Cette supériorité des vierges se fonde sur ce qu'elles pensent être les épouses de Jésus-Christ, situation que les auteurs ecclésiastiques n'expriment pas toujours avec une réserve suffisante. Une des formules les plus fréquemment employées est celle-ci :

« Elle mourut, et alla jouir des embrassements de son céleste époux. » J'ai souvent remarqué que les prêtres, les religieux et les personnes qui ont la prétention de ne pas connaître l'amour, par cela même ne connaissent pas la chasteté ; voir les casuistes, dont les livres sont d'une obscénité et d'une grossièreté choquantes.

On ne se figure pas combien, avec de pareilles idées et de pareilles images, on remplit les couvents de pauvres filles qu'on rend hystériques, à la façon de sainte Thérèse, qu'on a appelée sainte Sapho, et de laquelle nous aurons à parler tout à l'heure. On n'ose pas dire aux jeunes religieux qu'ils épouseront la vierge Marie, placée déjà au ciel entre saint Joseph et le Saint-Esprit, mais il est certain que cela entre dans leurs rêveries mystiques.

En parlant de sainte Radégonde (cette reine qui aimait tant les puanteurs), j'ai oublié un détail curieux : « Elle feignait des nécessités, dit saint Grégoire de Tours, pour quitter la nuit le lit où elle reposait à côté de son mari, et aller se coucher sur la terre nue et prier. »

Saint Aquilin était homme de guerre. Au retour d'une longue absence, il vit sa femme venir au-devant de lui, et lui apprendre qu'elle avait fait vœu, s'il revenait sain et sauf, de vivre avec lui pendant un an dans une continence absolue. « Je n'aurais pas osé vous le proposer, dit-il; mais, puisque vous allez au-devant de ce vœu, pourquoi ne pratiquerions-nous pas éternellement cette continence si agréable à Dieu ? »

Jusque-là, c'est assez spirituel ; mais je comprends moins la prière qu'il adressa à Dieu de le rendre aveugle, ce qu'il obtint ; et « Dieu, dit Surius, auteur de sa vie, éleva cette lampe sur le chandelier », en le faisant nommer évêque. Il fut un des nombreux directeurs de sainte Thérèse.

C'est saint Jérôme qui a écrit la vie de sainte Paule, veuve; elle donnait beaucoup aux pauvres, dit-il ; « elle n'avait de dureté que pour ses enfants ; elle les dépouillait pour revêtir les pauvres. » Il lui arriva de faire connaissance avec saint Épiphane et Paulin d'Antioche. « La vertu et les sages discours de ces saints prélats, dit saint Jérôme, ayant encore enflammé davantage l'ardeur de sainte Paule, elle annonça la résolution d'aller prier au désert ; » elle quitta ses enfants, *qu'elle aimait tendrement*, et leur dit adieu sans verser une larme (textuel). »

Elle emmena sa fille Eutoquie, et alla voir à Chypre saint Épiphane et Paulin à Antioche.

« Sa vertu lui attira un très-grand nombre de saintes vierges, qui furent la récompense que Dieu voulut donner à la foi de cette mère admirable, qui avait, pour lui, renoncé à ses enfants propres (textuel). Elle fonda trois monastères de filles et un monastère d'hommes ; ces filles sous sa direction « ne se servaient de linge que pour se laver les mains ». — « Sainte Paule affaiblissait leur corps par de grands jeunes, préférant la santé de leur esprit à la santé de leur estomac » (textuel); elle leur disait que « l'extrême propreté du corps était la saleté de l'âme » (textuel).

On trouve la vie de saint Macaire d'Alexandrie dans l'histoire de Pallade et dans celle de Rufin.

Il y a une jolie anecdote d'une grappe de raisin qu'on apporta à saint Macaire; il l'admira et l'envoya à un solitaire malade, lequel l'envoya à un autre, lequel à un autre jusqu'au dernier, qui vint en faire présent à saint Macaire.

« Ayant appris que les solitaires de Tabennes ne mangeaient rien dans tout le carême qui eût passé par le feu, il fut « frappé de ce grand exemple », et le dépassa en restant sept années à ne se nourrir que de légumes crus.

Cependant, il se déguisa et se présenta, après quinze jours de marche, à saint Pacôme, père des mille quatre cents solitaires de Tabennes, et il le pria de le recevoir. Saint Pacôme refusa d'abord, puis lui accorda sa demande. Le carême arriva. Saint Macaire examina comment chacun se disposait dans sa ferveur à passer un si saint temps. Il vit que les uns attendaient le soir pour prendre quelque nourriture, que les autres ne mangeaient que tous les deux jours, quelques-uns seulement au bout de quatre jours.

Il y en avait qui s'étaient imposé de rester debout toute la nuit. Pour lui, il se mit dans un petit coin et s'y tint debout pendant quarante jours sans s'asseoir ni s'agenouiller, sans user de pain ni d'eau, et mangeant seulement quelques feuilles de chou cru, le dimanche.

Entre les autres austérités que l'on rapporte de saint Macaire, on dit que, « l'esprit d'impureté le pressant par de violentes tentations », il s'en alla dans un marais où il y avait des « moustiques et des cousins gros comme des guêpes, ou il s'établit tout nu pendant six mois. Or, ces moustiques avaient des aiguillons si pénétrants, que la peau même des sangliers n'était pas à l'abri de leurs piqûres. »

Il n'est pas besoin de dire quel spectacle réjouissant ce fut pour Dieu de voir ce saint tout nu dans son marais. L'église l'honore le 2 janvier.

Je parlais tout à l'heure de sainte Thérèse, cette Sapho catholique. Je me contenterai de quelques extraits de sa vie écrite par elle-même.

Comme je ne veux pas prendre la responsabilité des lignes qui vont suivre, j'avertis qu'elles seront textuellement copiées sur un exemplaire dont voici le titre :

VIE DE SAINTE THÉRÈSE

crite par elle-même, traduite d'après le manuscrit original, avec commentaires historiques complétant son récit, par le père Marcel Bouix, de la compagnie de Jésus.

4e édition,

Paris, Julien Lanier, Cosnaud et Ce, éditeurs, 1857.

De plus, le père Bouix dit dans un avertissement : « Le catholique peut avec confiance ouvrir les écrits de sainte Thérèse ; il sait qu'il y trouvera en pâture une doctrine céleste, ainsi qu'il est dit dans l'oraison pour la fête de sainte Thérèse. *Ità cœlestis ejus doctrinæ pabulo nutriamur.* »

Le pape infaillible Grégoire XV a écrit : « Dieu a voulu que sainte Thérèse arrosât l'Église par autant de sources fécondes de la divine sagesse qu'elle nous a laissé d'écrits ; *cœlestis sapientiæ imbribus.* » (Pourquoi le père Bouix traduit-il par « source » *imbribus*, qui veut dire *pluie ?*)

Mais laissons parler la sainte :

« Il plut un jour à Jésus-Christ de me montrer ses mains ; la beauté en était si ravissante, que je n'ai point de termes pour la peindre...

» Le jour de la fête de saint Paul, pendant la messe, Jésus-Christ daigna m'apparaître dans toute sa très-sainte humanité...

» Je contemplais cette beauté souveraine, cette bouche si belle et si divine, fortunés moments!...

» Je me sentais embrasée d'un très-ardent amour de Dieu ; je me sentais mourir du désir de le voir. Les transports de cet amour étaient tels, que je ne savais que devenir ; mon cœur était près d'éclater, on m'arrachait l'âme...

» O mon adorable maître ! vous me donnez les plus tendres témoignages de votre amour par une espèce de mort délicieuse...

» Quel spectacle qu'une âme blessée par cette flèche céleste et consumée d'amour !...

» Cette ardeur qui la brûle vient de l'amour que Notre-Seigneur lui porte, c'est de ce brasier qu'est tombée l'étincelle qui l'embrase tout entière...

» Le corps perd tout mouvement ; on ne peut remuer ni les pieds ni les mains ; si on est debout, les genoux fléchissent...

» L'âme semble quitter les organes, la chaleur va lentement, s'affaiblissant avec une suavité et un plaisir inexprimables...

» Il est impossible de résister à cet attrait ; il fond sur vous avec une impétuosité si soudaine...

» Dans ces moments d'extase, je voyais près de moi, à ma gauche, un ange, sous une forme corporelle ; il était très-beau, son visage enflammé. Il avait dans la main un long dard qui était d'or et dont la pointe avait à l'extrémité un peu de feu ; de temps en temps, il le plongeait au travers de mon cœur et l'enfonçait jusqu'aux entrailles ; en le retirant, il semblait me les emporter avec ce dard, et me laissait tout embrasée de l'amour de Dieu.

» La douleur de cette blessure était si vive, quelle m'arrachait de faibles soupirs ; mais cet indicible martyre me faisait goûter en même temps les plus suaves délices ; aussi je ne pouvais ni en désirer la fin, ni trouver ce bonheur hors de mon Dieu. Ce n'est pas une souffrance corporelle, mais toute spirituelle, quoique le corps ne laisse pas d'y participer à un haut degré ; il existe alors entre l'âme et Dieu un commerce d'amour si suave, qu'il m'est impossible de l'exprimer. »

Mais il faut s'arrêter ; il y a des passages que je n'oserais pas imprimer. Ici même je dois rappeler que le pape infaillible Grégoire XV appelle cela « des écrits empreints de la plus éminente piété, et une pluie de divine sagesse ».

La scène de l'ange à la flèche a été particulièrement honorée de l'approbation du pape infaillible Benoît XIII, qui, le 25 mai 1726, accorda aux religieuses du Carmel « un office propre pour la *transverbération du cœur* de sainte Thérèse. »

Et un autre pape également infaillible, Benoît XIV, a ajouté une « indulgence plénière » pour ceux qui visiteront les églises du Carmel, depuis les premières vêpres de la *transverbération du cœur* jusqu'au coucher du soleil.

Je pourrais prolonger ces citations à l'infini ; le volume, qui a 627 pages, y passerait tout entier. On y trouve, à chaque instant, des phrases comme celles que je vais prendre au hasard, en ouvrant le livre.

« L'ineffable, l'adorable beauté de cet Homme-Dieu ! »

Jésus-Christ dit à sainte Thérèse *en lui témoignant beaucoup d'amour* : « Tu es mienne, je suis tien. »

« O bien-aimé de mon âme, répond-elle, comment l'amour que vous avez pour moi laisse-t-il entre nous une si grande inégalité ! » etc.

Remplacez un moment le nom du Christ par celui d'Oscar, et vous jugerez si Oscar ne se contenterait pas de pareils transports.

Ces citations sont prises textuellement d'un livre écrit par une sainte, approuvé par une foule de directeurs; car la sainte en changeait souvent, tous « flambeaux de piété », plusieurs « *lampes* que Dieu mettait sur le chandelier » (ce qui veut dire qu'ils étaient évêques ou chargés d'autres dignités ecclésiastiques), l'un même tellement saint, qu'il était vêtu de lames de fer-blanc qui lui entraient dans la peau.

Ce livre, approuvé par trois papes, est tel,

que beaucoup de mes lecteurs ne laisseront pas traîner le présent volume, s'ils ont dans leur maison des jeunes filles que leur famille ne destine pas à ce degré de sainteté.

Notez que sainte Thérèse fonda plusieurs couvents et que, dans les appendices et commentaires ajoutés à sa *Vie* par le père Bouix, de la Compagnie de Jésus, on cite une demi-douzaine de filles qui, à l'exemple de sainte Thérèse, avaient ou feignaient d'avoir des hallucinations érotiques.

La transverbération du cœur est une expression dont n'oseraient pas se servir les gens du monde. Que diriez-vous, madame, d'un homme de votre société qui vous dirait : « Je désire ardemment vous transverbérer le cœur. » — « Madame trois étoiles s'est fait transverbérer le cœur par M. quatre étoiles, » etc.

Il est ainsi quelques termes singuliers adoptés par les gens d'Église ; ils ne diront jamais qu'ils ont eu un plaisir, mais « une consolation. »

« J'ai eu la consolation d'entendre une belle musique. — J'ai eu la consolation de manger un excellent perdreau truffé. »

Il est encore une autre forme métaphorique dont on a abusé au point de lui donner un corps et d'en faire une réalité, c'est l'odeur de sainteté; cela pendant longtemps, je le répète, n'a été qu'une formule métaphorique. Ainsi à chaque instant on dit, dans les affaires de canonisation, l'odeur des vertus; dans la Vie de saint François de Paule, on lit que les disciples, les minimes sont la bonne odeur de Jésus-Christ.

Et dans celle de saint Dominique, publiée par Surius, on apprend que les frères prêcheurs, dont il fut le fondateur, ont absolument la même odeur que les frères minimes; ils sont également la bonne odeur de Jésus-Christ.

Nous avons vu, quelques lignes plus haut, comment les discours de saint Épiphane avaient « enflammé l'odeur de saint Paul ».

Je ne discuterai pas le goût de cette métaphore; mais je constate seulement que c'était une métaphore à laquelle on a voulu donner un sens physique. « Mourir en odeur de sainteté » voulait dire mourir avec une réputation de sainteté, comme « l'odeur des vertus », veut dire la renommée des vertus qui s'étend au loin comme un parfum. A la Convention nationale, un orateur dit, en annonçant la mort de Mirabeau : « Mirabeau est mort hier en odeur de patriotisme. » L'amour du merveilleux a changé cela, et on veut aujourd'hui que les saints exhalent une odeur particulière extrêmement suave que l'on ne définit pas autrement.

Il en est surtout question dans la Vie de sainte Thérèse, dans les commentaires du père Bouix. On comprend certes cette imagination à propos de cette sainte dont une de ses filles disait : « Le jour de sa mort, comme je savais qu'elle aimait beaucoup à avoir du linge blanc, je l'en changeai absolument, ce qu'elle considéra avec beaucoup de satisfaction... »

Sainte Thérèse n'était pas, en effet, comme sainte Radégonde qui aimait les puanteurs, et comme tant d'autres saints (nous en avons cité plusieurs), saint Siméon Stylite, saint Hilarion, saint Maxime, saint Liphord, etc., qui mettaient une partie de leurs vertus et de leur gloire à être sales et à sentir mauvais.

Sainte Thérèse, au contraire, dans une de ses hallucinations, revenant de l'enfer, signale comme le plus grand supplice des damnés la puanteur du royaume de Satan : « Ça pue ! »

Par une odieuse profanation, on déterra sainte Thérèse cinq ou six fois ; on fit, disent les historiens de sa vie, plusieurs « visites juridiques de son corps » (le père Bouix), et on en distribua divers morceaux qui firent nombre de miracles. Un certain père Gratien, carme, détourna une main. Cette odeur de sainteté, devenue non plus une figure, mais une réalité physique, est empruntée à l'antiquité et au paganisme.

Plutarque parle de l'odeur délicieuse qui

s'exhalait du corps d'Isis et qu'elle communiqua aux femmes de la reine de Byblos en touchant leurs cheveux. On sait que les courtisans d'Alexandre lui avaient fait croire que sa sueur sentait la violette ; celle de Mahomet, disent les musulmans, exhalait une suave odeur de rose.

Madame Élisabeth, sœur de Louis XVI, est une des figures les plus intéressantes de l'histoire de ce temps-là ; son dévouement à son frère, jusqu'à la prison et à la mort, est des plus touchants. Madame de Genlis à cru devoir mêler du merveilleux au récit de sa mort.

« Au moment où mourut madame Élisabeth, dit-elle, une odeur de rose se répandit sur la place de la Révolution... Ce qui n'est pas rare, ajoute-t-elle, à la mort des saints. »

Les derniers miracles n'ayant pas réussi, il serait bon d'en finir avec ce merveilleux. Les soutiens de l'Église, aujourd'hui, sont beaucoup moins guidés par la foi que par le désir de prendre leur part de son reste de puissance. Tout est spéculation, et je ne m'étonnerais que médiocrement de lire un de ces jours à la quatrième page de certains journaux :

PARFUMERIE CATHOLIQUE.

Odeur de sainteté pour le mouchoir.

Odeur de vertu pour la toilette des dames.

Sérieusement, la vie de ces saints est-elle un bon exemple? A l'exception de saint Vincent de Paul, et peut-être d'un ou deux autres, quels sont ceux dont la mémoire se recommande par un véritable service rendu à l'humanité ou à la société? quels sont ceux qui ont montré, dans leurs inutiles et puériles austérités, un autre sentiment qu'un froid égoïsme, sacrifiant devoirs et famille à la crainte des supplices de l'enfer et à l'espérance d'une félicité éternelle pour eux-mêmes dont ils rêvaient d'étranges détails?

Sérieusement, un homme qui fend du bois pour nourrir sa famille, ou bêche la terre pour faire croître un brin d'herbe; une femme qui fait la soupe pour son mari et ses enfants, et leur tricote des bas, sont plus agréables et plus obéissants à Dieu et d'un meilleur exemple pour les hommes, que ces fainéants, ces hallucinées et ces hystériques que l'on propose et parfois impose à la vénération.

Ne fera-t-on pas quelque jour un almanach où, à chaque jour, on lira le nom d'un de ceux qui ont été les bienfaiteurs et si souvent les martyrs de l'humanité?

XX

LA DENT D'OR ET LE RÉALISME

Il y a en l'air, pas très-haut, une question qu'un petit nombre de gens de lettres essayent d'élever en l'opposant au vent, comme font les enfants à l'égard des cerfs-volants. C'est la question du *réalisme* dans la littérature et dans les arts. Avant d'examiner cette question, je prendrai la liberté de regarder si elle existe. Je veux éviter d'avoir à me faire à moi-même le reproche qu'on fait depuis longtemps à certains docteurs du xviie siècle qui couvrirent d'encre, de syllogismes et d'injures des montagnes de papier au sujet d'une dent d'or qui s'était trouvée dans la bouche d'un enfant nouveau-né.

Les uns prirent parti pour, les autres contre la dent; les premiers prouvaient que c'était parfaitement possible, parfaitement naturel, qu'il y a mille exemples, et que c'est le contraire qui est étonnant et a besoin d'être prouvé.

Les autres soutenaient que c'était un miracle jusque-là sans exemple, et qu'on en devait concevoir les alarmes les plus fondées pour les affaires du temps. Ce ne fut qu'au bout de plus d'une année, qu'un ignorant demanda à voir l'enfant et la dent. On lui montra l'enfant, mais il n'avait pas de dent d'or.

J'ai, en littérature et en arts, une opinion que je puis traduire par une opinion que j'ai autrefois écrite sur le poisson, et qui est devenue un aphorisme, comme la chevelure de Bérénice une comète. « Au point de vue de la cuisine, il n'y a que deux sortes de poisson, celui qui est frais et celui qui ne l'est pas. »

En littérature et en arts, je n'admets que le bon et le mauvais, à divers degrés, bien entendu. Tout est bon qui cause à l'esprit et aux sens un plaisir noble et des sensations agréables ; tout ce qui, par une douce violence, élève l'âme au-dessus des choses humaines et l'esprit au-dessus des intérêts matériels et des instincts grossiers, tout ce qui fait se souvenir avec délices, tout ce qui fait oublier avec plaisir ; le portrait de l'ange que l'on a rêvé, de la femme que l'on a aimée, l'image du pays d'où l'on est exilé ; tout ce qui fait rire d'un rire noble, tout ce qui fait pleurer d'une tristesse suave, tout ce qui berce, endort, éveille, élève l'esprit et le cœur.

Que l'art retrace ce qui est et fasse des portraits ; qu'il s'élève jusqu'à ce qui a été, ce qui sera, ou plutôt ce qui devrait être ; qu'il décrive et raconte la terre, qu'il rappelle ou devine le ciel, je n'admets que ce qui atteint son but ; j'accepte tout ce qui est réussi ; pour moi, l'art est *le choix dans le vrai ;* pour d'autres, il est *le choix dans le possible ;* pour d'autres encore, *le choix dans les rêves.* Je n'ai rien à objecter, à aucune de ces théories, quand elles produisent de belles et bonnes choses.

A la rigueur, je comprenais le combat des deux théories, des classiques et des romantiques. Les premiers pensaient que l'esprit humain, qui avait fait tant de chemin dans les sciences, depuis un demi-siècle, n'avait plus fait que descendre dans la littérature et les arts. Depuis Louis XIV, les plus indulgents acceptaient encore le temps de Voltaire, de Rousseau, de d'Alembert, de Diderot, mais sous bénéfice d'inventaire. On pensait qu'il n'y avait plus rien à faire, qu'à imiter Racine, Corneille, Molière, Boileau, comme eux-mêmes avaient, sauf les écarts où leur génie les avait entraînés, imité les anciens. On ne permettait pas même aux vivants de remonter aux sources; on les condamnait à ne rien recevoir qu'à l'orifice des tuyaux, comme les bonnes femmes mettent leur cruche sous les bornes-fontaines.

A tel point que nos poëtes du Nord appelaient, d'après les écrivains du siècle de Louis XIV, qui le faisaient d'après les Latins et les Grecs, le mois de mai « le mois des roses », quoiqu'il n'y ait ni à Paris ni dans le centre de la France une seule rose avant le mois de juin.

En traversant la plate plaine de Saint-Denis, le poëte parisien peignait une chèvre « pendante d'une roche moussue » (*dumosa pendere procul de rupe*), et broutant le cytise amer (*cytisum amarum*), parce que ce n'était pas dans la nature, mais dans les poëtes d'une certaine époque qu'ils étudiaient la nature; parce qu'ils traduisaient, ne voyaient pas et ne pensaient pas; parce qu'ils peignaient d'après les gravures des tableaux de maîtres morts, et non pas d'après la nature, ni même d'après les maîtres eux-mêmes.

Rousseau et Bernardin de Saint-Pierre avaient les premiers fait pour leurs tableaux les arbres, les collines, les rivières, les ciels, les gazons réels et vivaces, le premier avec une majestueuse simplicité, étudiant dans la pleine campagne, le second avec plus d'afféterie, comme s'il étudiait dans un jardin, quoiqu'il eût vu des spectacles plus beaux peut-être et plus variés que son maître.

Voilà pour la théorie. Malheureusement, beaucoup d'entre les romantiques n'ont cessé d'imiter Racine et Corneille que pour se livrer au calque de Shakspeare, de Schiller, de Dante et de Byron. Les plus raisonnables et ceux qui le sont moins, dans leurs moments lucides, n'ont fait qu'étendre la liberté dont J.-J. Rousseau avait donné l'exemple, de prendre leurs modèles à même la nature, à même la vie.

Les classiques, c'est-à-dire ceux qui voulaient faire de la littérature et des arts une petite église intolérante et brûleuse d'hérétiques, s'obstinaient à mettre toujours en avant, comme types, Racine et Boileau, qui ne sont pas des types, et à ne les accepter eux-mêmes que dans leurs imitations et dans leurs traductions.

Ils ont donné beau jeu à leurs adversaires ; ils leur auraient porté des coups bien plus rudes et bien plus efficaces en leur soutenant et en leur prouvant qu'on n'est pas original pour copier autre chose ; que cette liberté qu'ils réclamaient, ils en avaient des exemples en français ; que Racine, dans *les Plaideurs*, comme Molière, dans *le Tartuffe*, ont une liberté d'allure, une franchise de naturel que personne de raisonnable n'a la prétention de surpasser, que personne de bonne foi ne prétendrait trouver à un plus haut degré ailleurs ; qu'il en est de même de Montaigne, de la Bruyère en certains points, de Diderot, de J.-J. Rousseau, de Montesquieu, etc. ; que Rabelais est un penseur, un philosophe, un écrivain qui a eu de son temps assez de hardiesse pour que, de ses rognures, on fît les témérités de gens dont les livres depuis ont été brûlés par la main du bourreau.

Au lieu de dire aux romantiques qu'ils étaient des scélérats, des anarchistes, il fallait leur soutenir qu'ils n'existaient pas.

On n'invente pas une nouvelle littérature ; que vous buviez le vin de Champagne dans des verres coniques ou dans des coupes, ce sera toujours du vin de Champagne. — Il en est de même des *réalistes* d'aujourd'hui. Qu'est-ce que les réalistes et le réalisme ? J'avais une jolie occasion de le demander l'autre jour.

M. Champfleury, qui est, dit-on, aujourd'hui le chef reconnu de cette école, m'a fait le plaisir de me visiter dans mon jardin de Nice en allant voir la guerre de l'indépendance italienne. Mais j'ai une politesse timide, méticu-

18

leuse, qui m'empêche de parler religion, politique, théories, avec les dieux, les prêtres, les martyrs et les employés et commis desdites religions politiques et théories; je ne veux pas me rappeler en ce moment qui — à une époque que je ne dirai pas — entra chez moi, un matin, dans mon autre jardin de Sainte-Adresse.

— Monsieur Karr, me dit-il, si vous le voulez bien, nous ne parlerons pas politique.

— Oh! monsieur, lui dis-je, je suis trop bien élevé pour en parler avec vous.

Donc, je n'osai pas faire une question à M. Champfleury; il était mon hôte pour une heure ou deux, et je lui devais tous les égards de l'hospitalité; de plus, j'étais reconnaissant de la sympathique bienveillance qui avait causé sa visite. Que serais-je devenu si ma question l'avait embarrassé, s'il n'avait pas pu me répondre? Je me le serais reproché toute ma vie.

Aujourd'hui, me voici seul; c'est donc à moi-même qu'il faut que je fasse cette question.

Qu'est-ce que les réalistes? Qu'est-ce que le réalisme?

Y a-t-il d'abord des réalistes qui soient quelque chose dont on ne trouve pas l'équivalent dans les écrivains qui les ont précédés?

Parmi eux, comme parmi les autres, il y en a un petit nombre qui ont du talent, un nombre beaucoup plus grand qui n'en ont pas. Il y en a qui savent le français et d'autres qui ne le savent pas.

Lisez les ouvrages des plus forts d'entre eux et dites-moi si ça ne sent pas le Balzac un peu étendu d'eau plus ou moins claire, ou bourbeuse, le Balzac à faux poids, le Balzac sophistiqué.

Êtes-vous plus *réels* que Balzac dans *les Parents pauvres*? Prenez garde! ce beau livre paraît être sur une limite étroite. Balzac nous montre son héroïne marchant dans le ruisseau et ayant quelques taches de boue sur ses bas. Voulez-vous nous donner seulement la boue et les bas sales?

Vous n'empêcherez jamais l'art d'être, dans son expression la plus large, « un choix dans le vrai ». Alors, vous nommerez Balzac, votre chef, le premier des réalistes; mais vous aurez avant lui un plus grand réaliste, car il cherchait ses modèles aux mêmes lieux. S'il avait moins d'art et d'observation, c'est tout simplement Restif de la Bretonne; et, dans le domaine de la philosophie, nous remonterons encore à Rabelais.

Donc, vous n'inventez rien, vous n'apportez rien, vous n'êtes rien, vous n'existez pas; croyez-vous que beaucoup de ceux de vos contemporains qui vous ont précédés, de ceux qui marchent encore parmi vous, aient jamais prétendu être faux, peindre des portraits qui ne ressemblent pas?

On a le droit de décrire les nuées chargées d'eau comme on peut peindre plus bas la goutte de pluie suspendue aux pétales d'une rose, comme on peut peindre encore plus bas cette goutte de pluie gâtant comiquement le chapeau d'une femme qui a mis sa gloire dans son chapeau, et, plus bas encore, cette même goutte d'eau délayant l'argile dont on formera des amphores. Plus bas encore même, l'eau qui, mêlée à la poussière des chemins, la délaye en boue. Rembrandt et Restif ont droit à la toile et au papier comme Raphaël et Lamartine, mais il ne faut pas que Rembrandt et Restif contestent Raphaël et Lamartine.

Si les réalistes sont des artistes qui veulent reproduire et copier sans choix, ils ne sont pas des artistes.

Si vous me racontez la conversation du portier et de la portière, sans avoir su choisir un portier et une portière originaux; si ensuite vous ne voulez pas choisir entre les paroles de ce couple celles qui constituent son originalité; à quoi servez-vous? Je préfère à vous le portier et la portière. Oh! les plaisantes gens qui se prétendent cuisiniers, et qui vont remplir au hasard au marché leur panier des premiers légumes qui leur tombent sous la main, et qui les servent sans les éplucher ni les assaisonner; cette littérature-là, ça ne se mange pas, ça se broute.

Ne perdez donc pas votre temps, votre papier, votre encre à discuter de pareilles billevesées; élevez l'âme, élevez le cœur, amusez l'esprit; cherchez le beau, le grand, le vrai, et vous serez, si vous les trouvez, des poëtes et des artistes, sans que vos juges naturels s'enquièrent si vous êtes romantiques, classiques, réalistes, bouquinistes, fatalistes, etc., et, quand vous seriez tout cela à la fois, si vous n'atteignez ni le beau, ni le grand, ni le vrai, vous n'aurez aucun rang, ni aucune valeur; vous n'existerez pas.

FIN

TABLE

		Pages.
I. — Trop de fleurs	1
II. — M. Nogent Saint-Laurens	17
III. — Étretat	36
IV. — Les orangers	51
V. — La fée	55
VI. — Beausoleil	62
VII. — Théâtre italien	92
VIII. — La guerre	105
IX. — Réalisme	116
X. — Vespa pro domo sua	138
XI. — La mode	144
XII. — Annexion de Nice	167
XIII. — La modestie	180
XIV. — Invention	187
XV. — Au *Figaro*	208
XVI. — Si j'étais riche	217
XVII. — Le concile d'Éphèse	224
XVIII. — Le chant des zouaves	234
XIX. — Les saints	249
XX. — La dent d'or et le réalisme	306

SAINT-GERMAIN. — IMPRIMERIE D. BARDIN ET Cⁱᵉ

www.ingramcontent.com/pod-product-compliance
Lightning Source LLC
Chambersburg PA
CBHW060418170426
43199CB00013B/2191